Inke Hummel

Mein wunderbares wildes Kind

Zu laut, zu unbequem, zu anders
Was lebhafte Kinder und ihre Eltern brauchen

humboldt

INHALT

DEIN KIND SEHEN

Dein Kind ist alles andere als ein stiller Träumer. Niemand nennt es „besonnen und brav“ – dafür aber „wild und laut“, manchmal auch „mutig und leidenschaftlich“. Einige nehmen es als übermütig, grenzenlos und anstrengend wahr. Es fordert dich und andere und macht mit seiner frechen Art sich selbst das Leben schwer. Das verunsichert dich und du suchst nach dem richtigen Weg, dein Kind zu begleiten? Du wünschst dir Stärkung, um dieser Aufgabe besser gewachsen zu sein? Dieses Buch hilft dir dabei.

„Kannst du nicht einmal ruhig sitzen bleiben!“

„Konzentrier dich mal, du Quatschkopf.“

„Ihr Sohn crasht hier ständig die ganze Gruppe!“

„Eure Tochter rennt auf jeden zu, auch auf Wildfremde. Das würde ich echt mal untersuchen lassen! Das ist doch nicht normal.“

„Ihr Kind muss sich einfach mal zurücknehmen!“

„Er kann nur Vollgas und braucht immer Leute um sich herum.“

„Schatz, bitte lass den Herrn einmal ausreden!“

Kennst du solche Sätze seit der Geburt deines Kindes? Dann ist es ein sehr temperamentvoller Mensch, lebhaft und lebensfroh – positiv betrachtet. Das birgt aber auch viele Herausforderungen. Denn zum einen gelingt nicht jedem eine so anerkennende Sichtweise, und zum anderen ist in unserer modernen Welt nicht überall Platz für überbordende Energie. Das verlangt Kindern und Erwachsenen im Umgang mit deinem Kind viel ab und fordert dich im Alltag extrem.

Vor allem aber ist es für dein Kind mühsam, denn nicht jeder kommt mit einem forschen Charakter zurecht. Das heißt, dein Kind wird öfter Gegenwind erfahren, den es verarbeiten muss, ohne sich minderwertig zu fühlen.

Es ist ganz viel Antrieb da – wie toll!
Aber dazu wenig Impulskontrolle – wie anstrengend!
Das braucht Zeit. Aber es braucht auch die richtigen Strategien. Und die kannst du finden.

Wilde Kinder unterstützen

Du bist unsicher, wann du dein Kind bremsen solltest und wie? Du grübelst, ob dein Verhalten das deines Kindes ungünstig beeinflusst? Immer wieder gibt es Situationen, in denen du dein Kind gern besser begleiten würdest?

Du fragst dich, wie viel Raum du deinem Kind und seiner Persönlichkeit geben musst und wo du ihm helfen solltest, sich sozial verträglicher zu verhalten? Du hast auch die Sorge, es „zu verbiegen“? Oft fragst du dich, wie du das alles schaffen sollst, ohne selbst zu leiden? Und manchmal weißt du nicht mehr, ob du das allein bewältigen kannst oder ob du Hilfe in Anspruch nehmen solltest?

Möglicherweise sprechen Menschen aus eurem Umfeld dich immer wieder auf das Verhalten deines Kindes an: Die Großeltern wundern sich (und vergleichen mit anderen Enkelkindern), die Bekannte zweifelt deine erzieherischen Fähigkeiten an, der Kindergarten meldet im Entwicklungsgespräch Probleme zurück und empfiehlt sogar psychologische Abklärung. Oder die Lehrkräfte äußern bei jedem Elternsprechtag Zweifel und fordern Veränderung? Vielleicht sind bereits Kinderfreundschaften zu Bruch gegangen, weil dein Kind zu lautstark in den Mittelpunkt drängte?

Das macht nervös, kann euch stressen und belasten. Für dich selbst bleibt häufig keine Zeit mehr, dein Kind fühlt deine Ängste und unter Umständen den Groll und Unmut seines Umfelds. Doch all das muss nicht so bleiben. Viele Eltern kennen diese Fragen und Unsicherheiten. Es gibt Lösungen!

Nimm zuallererst den Druck raus – für dich und dein Kind. Es ist wichtig, zu wissen: Kinder mit einem wilden Temperament und einer spontanen und lauten Art benötigen andere elterliche Unterstützung als stille, schüchterne Kinder. Und sie brauchen für ihre emotionale Entwicklung oft mehr Zeit, als unsere Gesellschaft ihnen üblicherweise zugesteht. Das Einschulungsalter gilt oft als Meilenstein – stillsitzen, nicht mehr hauen, nicht mehr anfassen und so weiter – ist aber ebenso wenig eine magische Grenze für *alle* Kinder wie 3, 12 oder 16. Nur weil etliche Kinder zu diesem Zeitpunkt bestimmte Entwicklungsschritte gemeistert haben, heißt das nicht, dass der Rest „falsch" ist! Auch wenn es so einfacher wäre. Die sogenannte „Normvarianz", also alles, was okay ist, ist deutlich breiter als viele meinen.

Manche Kinder laufen mit 11 Monaten, andere erst mit 18. Nichts davon ist besser oder schlechter, denn beides ist in der Norm. Es liegt an den Kindern, ihren Fähigkeiten und den Möglichkeiten zum Üben. Das ist bei der emotionalen Entwicklung genau das Gleiche, aber unsere Gesellschaft erkennt das oft nicht an!

Außerdem müssen nicht alle Kinder in sozialen Situationen identisch reagieren. Es ist doch ein Glück, dass wir stille und laute, bedachte und forsche, verträumte und klare Kinder (und so viele verschiedene mehr) haben! Auch ein lautes, lebensfrohes Kind ist eine Bereicherung und darf dies im Teenie- und Erwachsenenalter bleiben.

Wichtig ist, dass du und schließlich auch das Umfeld es anerkennen. Und dass Eltern mit ihrem Kind nur in den Bereichen Veränderungen suchen, in denen das Kind leidet oder andere Menschen im Umgang mit ihm übermäßig betroffen sind.

Laute, lebensfrohe, forsche Kinder brauchen Zeit, Begleitung, Verständnis und unbedingt Toleranz! Du musst sie nicht umkrempeln.

Wie dieses Buch funktioniert

In diesem Buch wirst du Antworten auf folgende grundlegende Fragen finden:

- Wer ist mein Kind eigentlich?
- Muss ich mit meinem Kind gemeinsam etwas tun?
- Brauche ich Hilfe und wer kann sie mir geben?
- Wie kann ich erreichen, dass es mir besser geht und ich gut für mein Kind sorgen kann?

Es wird dich dabei unterstützen, ...

- **dein Kind richtig einzuschätzen:** Woher rührt die Wildheit? Was hat es für ein Temperament? Haben manche Verhaltensweisen ihre Ursache in einer nicht passenden Begleitung? Oder (selten!) steckt eine Störung mit Krankheitswert dahinter?
- **dein Kind positiver wahrzunehmen:** Was weiß es selbst über sich und sein Verhalten? Was macht seine Persönlichkeit aus? Was ist wertvoll an seiner eher lauten Art?
- **mit deinem Kind gut in Beziehung zu sein:** Wie gelingt gute Kommunikation? Wie begleitest du alle Entwicklungsschritte angemessen?
- **zahlreiche herausfordernde Situationen nach und nach besser zu meistern:** Von der Krabbelgruppe bis zur Pubertät gibt es Hilfe für euch! Du wirst dich auskennen und deinem Kind diese Sicherheit weitergeben.

- **einzuschätzen, was du mit deinem Kind üben solltest und was bleiben darf, wie es ist:** Was sind deine Aufgaben? Wo musst du „schubsen“? Was musst du annehmen?
- **herauszufinden, ob externe Hilfe notwendig ist:** Welche Möglichkeiten gibt es?
- **deinem Umfeld gestärkt entgegenzutreten und passend zu argumentieren:** Erläutere Ursachen, benötigte Hilfestellungen und vor allem die guten Seiten deines Kindes mit den richtigen Worten! Lass nicht zu, dass anstrengendes Verhalten vorschnell als falsches Verhalten deklariert wird.
- **deine innere Ruhe bei allem nicht zu verlieren:** Wo kannst du an dir selbst arbeiten? Was triggert dich? Wie kannst du passend reagieren? Wie kannst du besser auf dich selbst achten?

Ich möchte also mit dir gemeinsam dich und dein Kind in den Blick nehmen. Dabei soll im Mittelpunkt stehen, ob dein Kind leidet, Nachteile hat, Unterstützung benötigt und ob es euch als Familie schlecht geht – oder ob das nur von außen so scheint. Denn das ist der Knackpunkt bei allen besonderen Persönlichkeitsmerkmalen (zu leise, zu laut, zu träge, zu forsch ... zu anders!): Hat das Kind für sich und in Beziehungen kein Problem und kommst du meist damit zurecht? Dann darf keine Institution, dürfen keine Verwandten oder Ärzt*innen fordern, dass du etwas *im Kind* (mit therapeutischer Hilfe) veränderst, nur weil es anders ist als viele andere. Zu solch einem Schritt sollte dich nur ein gestörtes Miteinander, ein Leidensdruck im Kind und/oder innerhalb der Familie führen.

Starke Kinder haben Eltern, die sie so behandeln, als seien sie bereits die Persönlichkeit, die sie sein wollen. Weil sie diese Person bereits sind.
(Die Kinderflüsterei/Alexandra Köhler)

Ich blicke mit dir auf Kinder in verschiedenen Altersgruppen, beleuchte typische Alltagssituationen, in denen Wildheit, überstürztes Handeln, eine hohe Lautstärke und ähnliche Verhaltensweisen herausfordernd sind. Ich gebe dir Ideen mit, wie du deinem Kind hilfreich zur Seite stehen kannst, ohne dich selbst zu vergessen. Und wie du eure Umgebung für eure Situation sensibilisieren kannst. Denn wilde Kinder sind wunderbare Kinder mit vielen positiven Eigenschaften. Man muss nur die Kraft haben, diese zu sehen.*

0–6 Jahre

Der Schwerpunkt des Buches liegt dabei auf den ersten sechs Lebensjahren, in denen Bindung entsteht und emotionale Entwicklung grundlegend stattfindet. Während dieser Zeit braucht dein Kind vor allem Raum, um Impulskontrolle zu üben. **Wer nicht üben und Fehler machen darf, kann nicht lernen.**

6–10 Jahre

Die Grundschulzeit ist eine Phase, in der sich dein Kind normalerweise gut in andere Menschen einfühlen und moralische Grundsätze verstehen kann, sodass es immer sinnvoller seine Entwicklung mitbestimmt.

11–16 Jahre

Im Jugendalter muss und kann dein Kind sein Temperament besser regulieren und wird immer selbstständiger. Aber auch in dieser Phase kannst du es vorsichtig und in gutem Miteinander unterstützen. Hier bekommst du einen Ausblick für diese Lebensphase.

Lies am besten alle Kapitel, auch wenn dein Kind schon älter ist. In jedem erhältst du wertvolle, altersunabhängige Empfehlungen für euren Alltag und insbesondere eure Kommunikation.

* Alle Altersangaben im weiteren Verlauf sind nicht absolut zu verstehen, sondern dienen als Orientierung.

Ich möchte dich aber auch ermutigen, dich zurücklehnen und mit Gelassenheit anzunehmen, dass dein Kind die Welt holterdiepolter erobert.

Du wirst im Verlauf der Lektüre ein Gespür dafür entwickeln, wann das ausreicht. Damit du den Menschen und Institutionen um euch herum sagen kannst: **„Mein Kind hat gar keine Probleme. Das sind nur unsere Erwartungen!"**

Ich empfehle dir, zur Lektüre Stift und Papier parat zu legen, um Aufgaben sofort anzugehen und konkrete Schritte gleich zu planen.

Und nicht vergessen: Auch du brauchst Stärkung! Ein forderndes Kind zu begleiten, ist kein Spaziergang, und du bist nicht „falsch", nur weil dir das schwerfällt oder dich anstrengt. Du bekommst in diesem Buch ebenfalls Hilfe, um an dir zu arbeiten.

!

Hast du dein Kind jahrelang nie als zu laut, zu lebhaft, zu anders wahrgenommen und verhält sich dein Kind ganz plötzlich so, zum Beispiel nach der Einschulung, ist dies ein eindeutiger Hinweis, dass es nicht an einem wilden Temperament liegt. Dann steckt etwas anderes dahinter. Das Verhalten deines Kindes dient dazu, dich darauf aufmerksam zu machen. Es braucht dich!

Alle Bezugspersonen, aber auch eure kinderärztliche Praxis können euch dabei unterstützen, dem wahren Grund auf die Spur zu kommen. Die Tipps aus diesem Buch – zum Erziehungsstil, zur Selbstarbeit sowie zur Beziehungsarbeit mit dem Kind – sind auch in solch einer Situation hilfreich. Sie ersetzen aber nicht die Suche nach der Ursache der plötzlichen Verhaltensänderung.

WILD – WAS IST DAS EIGENTLICH?

Dein Kind ist herausfordernder als andere, weil es sich außergewöhnlich aktiv, lautstark und mutig zeigt. Es scheint nicht daran zu denken, welche Folgen sein Handeln hat. Das ist manchmal inspirierend, aber oft auch erschreckend und für andere unangenehm. Ist das sein Temperament? Ist das seine Strategie, um gut durchs Leben zu kommen? Oder steckt dahinter sogar eine Störung, die in therapeutische Hände gehört?

Um gut einschätzen zu können, welches Wesen dein Kind wirklich mit ins Leben gebracht hat, schau dir an, wie es seine Umgebung wahrnimmt und auf sie reagiert. Im Gegensatz zu einem schüchternen Kind nimmt ein forsches Veränderungen, Stress und Fremdes positiv auf und versteckt sich nicht davor, sondern sucht fast danach. Das liegt an seiner Amygdala, dem Teil seines Gehirns, der unsere Erlebnisse sofort emotional bewertet: Sie sagt uns, ob Vorsicht geboten ist oder wir Angst haben sollten. Bei manchen Menschen ist sie übererregbar – das sind die Ängstlichen, die sich aus Furcht zurückhalten, oder die Gefühlsstarken, die rasch extrem emotional reagieren. Bei anderen ist sie von Geburt an schwer erregbar – so wie vermutlich bei deinem Kind. Es ist mutiger, aber auch unaufmerksamer als andere. Das zeigt sich beim Erledigen von Aufgaben und im sozialen Miteinander: Empathie fällt ihm wahrscheinlich etwas schwerer.

Das heißt, dein Kind kann Veränderungen häufig stoisch aushalten, braucht sie oft sogar als Impulse und ist ein Sonnenschein, wenn viel passiert und es etliche Reize verarbeiten muss. Es macht sich wenig Sorgen und ist eher optimistisch. Mit anderen kommt es leicht in Kontakt und kennt keine Berührungsängste – weder bei Menschen noch Tieren, Lebensmitteln oder Aktivitäten. Das klingt ja großartig!

WILD VS. GEFÜHLSSTARK

Die Journalistin und Autorin Nora Imlau hat im deutschen Sprachraum den Begriff „gefühlsstark" geprägt. Er hilft Eltern und Fachpersonen dabei, Kinder besser und vor allem positiver zu betrachten, die zum einen besonders gefordert sind – im Erleben ihrer Umwelt und Emotionen – und zum anderen sehr fordernd, wenn sie diese ausleben und handeln. Häufig schon im Babyalter.

Laute, lebensfrohe, manchmal distanzlose Kinder sind aber nicht alle auch gefühlsstark. Sie handeln und verhalten sich zwar auffällig, fühlen aber nicht außergewöhnlich stark. Sie können Reize oft gut verarbeiten und sind weder „empfindlich" noch „nachdenklich" oder gar „pessimistisch". Denn wilde Kinder sind emotional stabiler als gefühlsstarke. In der Regel wird dein Kind, wenn es nicht gefühlsstark ist, einige Herausforderungen weniger meistern müssen.

Dennoch ist es nicht problematisch, wenn du dein Kind nicht klar einordnen kannst; das ist in vielen Fällen gar nicht möglich. Die Empfehlungen für den Umgang mit wilden und gefühlsstarken Kindern ähneln sich teilweise, denn es geht im Grunde um Regulationshilfen.

Tatsächlich ist es das für Eltern in vielerlei Hinsicht. Aber spätestens wenn du mit deinem Kind in die Welt hinausgehst, zeigen sich auch negative Seiten. Der Spaß an immer neuen Reizen erschwert es deinem Kind, sich zu konzentrieren. Die geballte Energie ist für viele Menschen nicht nur anregend, sondern manchmal kaum zu ertragen (auch zu Hause). Und die geringere Erregbarkeit des Warnzentrums bringt es eben mit sich, dass dein Kind seine Reaktionen tendenziell zu wenig durchdenkt. Der Baum ist gefährlich hoch? Das Auto rast uns aber sehr schnell entgegen? Im Raum ist es schon ohne mein Schreien ordentlich laut? – Oh, oh! Sein Gehirn bemerkt so etwas nicht und sieht deshalb auch keinen Grund, seinen Besitzer auszubremsen.

Wilde Kinder im Alltag

Die oben erläuterte Art, wahrzunehmen und Reize zu verarbeiten, beeinflusst die Reaktionen und das Verhalten eines Menschen:
Dein Kind ...

- traut sich mehr, ist weniger gehemmt.
- lebt impulsiv und tritt häufig sehr energisch auf.
- stellt sich selbst eher in den Mittelpunkt.
- geht (zu) große Risiken ein.
- übertritt Grenzen seiner Mitmenschen, erscheint dominant, respektlos oder sogar aggressiv.

Ein wildes Wesen kann also Probleme bereiten (mit anderen und mit sich selbst) und eine Belastung darstellen.

Wir kennen diese Zweischneidigkeit aus Arbeitszeugnissen. Satzbausteine wie *„Er war immer sehr gesellig“* oder *„Sie hatte stets progressive Ideen, die sie vehement vortrug“*, können positiv wie negativ gelesen werden. Sie enthalten Kritik: Die- oder derjenige fällt zur Last, schafft Aufgaben nicht wie erwartet, ist nachlässig, distanzlos und dominant.

Bei einem Kind kann diese kritische Sicht einschneidende Folgen haben. Denn ...

- es ist noch unterwegs auf seinem Entwicklungsweg und hat in vielen Bereichen nicht die Reife, umsichtig mit seinen eigenen Bedürfnissen und Wesenszügen umzugehen. Das wird ihm häufig als Boshaftigkeit oder Unachtsamkeit ausgelegt. Dabei kann es in guten Beziehungen lernen, empathisch und hilfsbereit zu sein und egozentrische Ansätze zu überschreiben.

- es wird ständig begutachtet und bewertet. Von Ärztinnen, dem Kindergarten und der Schule. Diese melden in der Regel (angebliche) Defizite zurück oder bestrafen das Kind sogar – das kann am Selbstwertgefühl kratzen und die Entwicklung schädigend beeinflussen. Außerdem kommt es oft zu schnell zu einer „Laiendiagnose“, die dem Kind für immer anhaftet.
- es muss seinen Platz in der Familie, zwischen den Gleichaltrigen und in Kita- bzw. Schulgruppen oder bei Freizeitaktivitäten noch finden. Kritische Rückmeldungen verunsichern in dieser Phase, vor allem, wenn ein wildes Temperament als „Fehler“ angesehen wird. Denn es handelt sich lediglich um eine „Normvarianz“, also eine mögliche, unbedenkliche Ausprägung.

Bindung fördern

Ein wildes Kind muss mit seinem Temperament leben. Alle Bezugspersonen können ihm aber dabei helfen. Denn Temperament und das Zusammenspiel von Hormonen und Botenstoffen im Gehirn sind zwar angeboren, aber durch Erfahrungen beeinflussbar. Wir Eltern haben vieles in unseren Händen, selbst wenn Umfeld und Institutionen zusätzlich Einfluss ausüben. Der Umgang mit Wildheit unterscheidet sich kulturell, von Familie zu Familie und von Umfeld zu Umfeld.

Es gibt vier verschiedene Wege, einem wilden Kind zu begegnen:

1. **beziehungsorientiert**
   Ich nehme das Kind wahr und gestehe ihm sein Temperament zu, unterstütze es aber regulierend und ermutigend auf einem sozial verträglichen Entwicklungsweg.
2. **entwicklungshemmend**
   Ich nehme mein Kind zu sehr in Schutz und erwarte vom Umfeld zu viel Rücksichtnahme, von meinem Kind dagegen zu wenig.

3. **ignorierend**
   Ich missachte mein Kind und dränge es dadurch erst in eine ungute Verhaltensstrategie.
4. **herrisch**
   Ich halte mit Härte dagegen und versuche, ihm sein Temperament geradezu auszutreiben.

Der beziehungsorientierte Weg (1), den dieses Buch beschreibt, ist der sinnvollste: **voller Liebe, Toleranz und Richtungsweisung dem Kind helfen, sich selbst zu regulieren, aber auch altersgemäße Entscheidungs- und Handlungsspielräume anbieten.** Das stützt die Bindung; und je sicherer ein Kind gebunden ist, desto besser kann es sich zunächst auf deine Unterstützung einlassen. Und desto leichter wird es ihm nach und nach fallen, sich ohne deine Anwesenheit sozial verträglich zu verhalten und sich dabei als stark und selbstwirksam zu erleben.

Außerdem verändert sich die Wahrnehmung eines Kindes, wenn es immer und immer wieder Stress erlebt. Das kann seine Reizverarbeitung weiter erschweren. Auch unter diesem Gesichtspunkt ist der beziehungsorientierte Weg der beste, denn er vermindert Stress.

Entwicklungshemmung (2) ist bedenklich und nicht sinnvoll. Eltern, die diesen Weg wählen, tun das häufig aus dem Bedürfnis heraus, ihr Kind beschützen zu wollen. In dieser Ausprägung ist das aber schädlich, das Kind wird auf eine bestimmte Art vernachlässigt: Ihm fehlt ein elterlicher Leitwolf, jemand, der ihm hilft, sein Temperament in die richtigen Bahnen zu lenken. Das kann die Wildheit noch befeuern. Die Gesellschaft wälzt das gerne auf die Kinder ab und sie bekommen den Stempel „Tyrann".

Ignoranz und Härte (3 und 4) sind manipulativ und können das Verhalten deutlich verschlimmern oder aber dazu führen, dass das Kind seine eigene Persönlichkeit unter großem Leid unterdrückt.

Im Umgang mit einem besonders lebendigen, forschen Kind kann fehlende Beziehungsorientierung (2, 3 und 4) das herausfordernde Verhalten verstärken. Das Kind reagiert dann auf die Übervorsicht, die bedrohliche Willkür oder die Ablehnung im Elternhaus, indem es (unbewusst) erst recht eine aufdringliche, distanzlose Strategie wählt, vielleicht auch eine verstärkt aggressive.

Im anderen Extrem können diese Erziehungsstile dafür sorgen, dass das Kind sich nicht gesund und wesensgemäß entwickelt, sondern sich zurückzieht und versteckt.

Eltern, die Wert auf Bindung und Beziehung legen, sich eher im ersten Weg wiederfinden und ihr Kind gut sehen und begleiten, helfen ihrem Kind mit seinem aktionsstarken Wesen, ohne es noch anzukurbeln.

ERZIEHUNGSSTILE IM VERGLEICH

Die genannten Wege entsprechen den Hauptströmungen elterlicher Erziehungsstile:

- demokratisch (1),
- überbehütend (2),
- zurückweisend (3)
- und autoritär (4).

Sie kommen in der Realität meist als Mischformen vor.

Vom „bindungsfördernden Verhalten“ des demokratischen Stils (1) profitieren alle Kinder – besonders die lauten, herausfordernden. Denn eine gute Eltern-Kind-Bindung schenkt dem Kind emotionale Sicherheit: **Es wird feinfühlig gesehen und begleitet, was sich direkt darauf auswirkt, wie gut es lernen kann, seine Impulsivität gesund zu regulieren.**

Dieser **bindungs- und beziehungsorientierte Erziehungsstil** beinhaltet:

- Gewaltfreiheit (körperlich, verbal und psychisch).
- eine Ja-Umgebung zu schaffen, in der das Kind auf keine unnötigen Hindernisse trifft. (Unvermeidliche gibt es zur Genüge!)
- möglichst viele Ja-Menschen (und somit intakte Beziehungen) ins Kinderleben zu integrieren, die es verlässlich begleiten und gut wahrnehmen.
- dem Kind zu vertrauen, an es zu glauben und das auch auszustrahlen.
- das Kind gemäß seinen Fähigkeiten zu fördern.
- dem Kind wertschätzend zu begegnen und ihm zu helfen, zu erkennen, worin es richtig gut ist.
- wahrzunehmen, an welchen Herausforderungen ihr arbeiten müsst. Begleite sie regulierend, sodass dein Kind sie händeln und allein zu Entspannung finden kann.
- das Kind mit kleinen Zielen zum Vorankommen zu motivieren.
- das Kind zum Aktivwerden zu ermuntern.
- das Kind sich kontinuierlich ausprobieren zu lassen und ihm Raum für Fehler zu geben.
- Beharrlichkeit vorzuleben.
- innerhalb der Familie (und mit anderen) klug, fair und problemlösend zu kommunizieren.
- sich empathisch umeinander zu kümmern und dem anderen emotionale Unterstützung zu geben.
- in Kooperation und gutem Miteinander zu leben. (Was auch elterliche Selbstfürsorge beinhaltet!)
- als Leitwolf dem Kind wohlwollend und im Perspektivwechsel zu verdeutlichen, wo die Limits der anderen Menschen liegen.
- die eigenen Erwartungen zurückzustellen. (Du hast dir ein ruhiges Kind gewünscht, aber nicht bekommen? Das ist ein Punkt, an dem du arbeiten musst – nicht dein Kind.)
- die eigenen Bedürfnisse zu zeigen.

Diese Aspekte sind keine Garantie für gelungene Eltern-Kind-Bindungen oder dafür, dass unsere Kinder gesunde, sozial verträgliche Persönlichkeiten werden.

Ich glaube, eines der größten Missverständnisse übers Elternsein ist, dass es, wenn man's richtig macht, immer allen gut geht.
(Nora Imlau)

Aber sie sind die sicherste Variante mit der höchsten Wahrscheinlichkeit für einen günstigen Verlauf. Daher beruht dieses Buch genau auf diesen Zielsetzungen.

Aber neben all diesen Faktoren ist der wichtigste die Zeit! Alles, was wir den Kindern geben sowie mit ihnen üben, muss in Ruhe ankommen und wirklich ihr Weg werden können. Sie brauchen unsere Geduld – und die fehlt der Gesellschaft noch allzu oft.

Dabei sorgen ausreichend Zeit, Raum und Unterstützung beim Üben und Lernen mit hoher Wahrscheinlichkeit dafür, dass es zu einer „positiven Sozialisationsbereitschaft“ kommt. Das heißt, das Kind wird sich aus freien Stücken in soziale Netze einfügen.

Lerngelegenheiten schaffen

Ein Kind kann sein Grundtemperament, das ihm das Zusammenleben mit seinen Mitmenschen gelegentlich erschwert (wie z. B. besondere Impulsivität und geringe Unsicherheit oder im Gegenteil auch starke Schüchternheit und Gehemmtheit), nicht ablegen! Aber es kann und sollte lernen, sich durch verschiedene Strategien zu regulieren, wenn es sich in guter Begleitung ausreichend darin üben darf. **Ein hoher**

Antrieb trifft bei deinem Kind auf mittelmäßige Impulskontrolle, Spontanität und leichte Egozentrik; doch der Umgang damit ist erlernbar. Du kannst gute Gewohnheiten einüben, statt „schlechte" wegzuerziehen. Setze hier deinen Fokus.

Gute Beziehung ermöglicht (immer) Lernen und Lernbereitschaft sowie auch einen raschen Abbau von Anspannung und Aufregung. **Aber Achtung: Ein Kind muss erst eine gewisse geistige Reife erlangt haben, bevor es sich kontrollieren kann. Unabhängig davon, wie viel du hilfst. Von einem Kind unter 3 Jahren dürfen wir Großen keine sinnvoll durchdachten Handlungen erwarten! Erst recht nicht von einem Kind mit wildem, forschem Temperament.**

Dein Kind lernt ab der Geburt, sich zu bewegen und lustvoll die Welt zu erkunden. Oft erwarten wir, zu Unrecht, dass es beides sofort wieder gezielt einschränken kann. Ein wildes, forsches Kind braucht dazu eine klare, liebevolle Bindungsperson (und oft sogar Körperkontakt), sonst kann es sich nicht unter Kontrolle bringen.

Es braucht keine Eltern, die diese Entwicklung ihm allein überlassen, aber auch keine, die ihm ständig alle Schwierigkeiten aus dem Weg räumen. Denn damit räumen sie Lerngelegenheiten aus dem Weg. **Statt wie ein Bulldozer dein Kind vor allem und allen zu „schützen", solltest du ihm Hilfe und Trost sein, aber auch Unterstützung dabei, aktiv zu werden.**

Dein Kind muss sich auf seinem Lernweg aber nicht manipulieren und erdrücken lassen, sondern darf in bestimmten Grenzen durchaus auf Toleranz pochen. Es negativ zu bewerten und als „mangelhaft" anzusehen, ist nicht fair. Verwehr dich dagegen. Dein Kind hat verdient, wertfrei in seinem Wesen gesehen zu werden: Neben Eigenschaften wie „klein" oder „groß", „rothaarig" oder „blond", „sportlich" oder „musikalisch" sind auch „forsch" und „resolut" nur neutrale Beschreibungen.

POSITIVER BLICK

Formuliere deine Sicht auf dein Kind im Gespräch mit ihm möglichst positiv, nicht voller Kritik!

Selbst ein „*Deine Wildheit und die Lautstärke sind für mich manchmal anstrengend*" ist zugewandt möglich. Betone, dass das Verhalten dich stresst, nicht das Kind. Ergänze, dass DU das von nun an anders angehen möchtest und versuchen willst, mit ihm gemeinsam neue Wege auszuprobieren, die den Alltag erleichtern.

Sprich nur Aspekte des kindlichen Wesens an, wenn du (z. B. mithilfe des Checks auf Seite 26/27) genau abgeklärt hast, dass diese seine Entwicklung behindern. Problematisiere dein Kind nicht unnötig in seiner Anwesenheit.

Achte darauf, dass du beim Nachdenken über die Thematik nicht in Fallen tappst, die dir bestimmte, zum Beispiel geschlechtsspezifische, Erwartungen oder kulturelle Vorgaben stellen. Unbewusst haben wir und auch Kita- und Schulpädagoginnen und -pädagogen diese übernommen und lassen uns dadurch beeinflussen. Die Entwicklungspsychologie kann beispielsweise nur einige hormonell bedingte, angeborene Unterschiede hinsichtlich des Temperaments bei Jungen und Mädchen feststellen. Die meisten gesellschaftlich als typisch erachteten Verhaltensweisen sind anerzogen oder ergeben sich aus Erwartungshaltungen und dem Modell-Lernen. Und was in Nordamerika als Maß aller Dinge gilt, wird von japanischen Eltern schon wieder ganz anders betrachtet und so weiter. Wichtig ist: Ein wildes Mädchen ist genauso wenig „falsch" wie ein schüchterner Junge!

Wenn du genau hinschaust, merkst du vielleicht sogar, dass du, deine Partnerperson oder andere nahe Verwandte deinem Kind ähnlich sind (oder waren). Viele Erwachsene haben ihre wilden Wesenszüge aber versteckt; oft, weil sie mit Strenge und Strafen dazu erzogen wurden, diesen Teil von sich zu unterdrücken.

Wenn du so eine Person ausmachen kannst, schau genauer hin, was an ihrem Umgang mit dem ureigenen Temperament nicht gesund erscheint. Sicher möchtest du für dein Kind einen anderen Weg, und vielleicht kann dir das Ansporn und Argumentationshilfe gegenüber anderen sein.

Resolut, laut, engagiert, leidenschaftlich, übermütig – wie Kinder damit umzugehen lernen, ist entscheidend! Dein Job ist nicht, deinem Kind hier alles abzunehmen, sondern unbedingt Hilfe zur Selbsthilfe.

WO ANFANGEN? – DEINE CHECKLISTEN

Du hast geschafft, dein Kind zu sehen, wie es ist, ohne die kraftraubenden Eigenheiten als Mangel aufzufassen. Bleibt immer noch die Frage: Ist sein Verhalten einfach ungewohnt und mühevoll zu händeln (für sich selbst, dich oder andere)? Oder benötigt dein Kind in diesen Bereichen spezielle Unterstützung für seine Entwicklung? Vielleicht sogar professionelle Hilfe?

Wer forsch ist und couragiert durchs Leben geht, kann Menschen, die nicht so sind, erschrecken. Aber einem solchen Kind (oder Erwachsenen) ermöglicht diese Eigenschaft zunächst, sich durchzusetzen, gesehen zu werden, Geselligkeit zu erleben und Ziele einfacher zu erreichen als andere. Es braucht eventuell länger als andere Kinder, um zu spüren, dass eine Situation mehr Fingerspitzengefühl erfordert oder sein Gegenüber sich damit unwohl fühlt. Doch viele wilde Kinder entwickeln sich dennoch gut, sodass sie kaum negative Reaktionen erleben und fröhlich, selbstbewusst und glücklich durchs Leben gehen.

Ist die Wesensart aber derart stark ausgeprägt, dass sie beständig Stress verursacht, wird sie nicht nur für andere unangenehm sein, sondern auch für dein Kind: Meist stößt es spätestens nach dem zweiten Geburtstag auf Kritik, Genervtheit, Ablehnung. Manchmal stresst es sich regelrecht selbst, was sich beispielsweise in Tics äußert. Das bedeutet: Es leidet! Sein Temperament wird zur Belastung und die große (nur gespielte?) Selbstsicherheit verhindert eine

Anpassung an andere. Vermutlich leidest auch du dabei. **Hier ist der Punkt, an dem du mit deinem Kind zusammen aktiv werden musst!**

Was sind deine Aufgaben?

Im Verlauf der Lektüre dieses Buches wirst du Antworten finden auf die Fragen, die du dir wahrscheinlich schon eine ganze Weile stellst: Was musst du tun und was lassen?

Schützen – Inwieweit musst du dein Kind vor anderen Menschen oder bestimmten Erfahrungen schützen und wo nicht?

Vorbild sein – Inwiefern bist du deinem Kind ein gutes Vorbild? Oder solltest du auch an dir arbeiten, nicht nur mit ihm?

Fordern – Wie und in welchen Bereichen kannst (und musst!) du dein Kind mit kleinen Zielen fordern, um ihm zu einem leichteren Leben zu verhelfen?

Selbstwert fördern – Musst du dein Kind allgemein in seinem Selbstwertgefühl stärken (weil es nur stark wirkt, aber gar nicht ist)? Und wo musst du darauf achten, den Selbstwert nicht zu schwächen?

Hilfe anbieten – Kannst du dies alles allein leisten oder welche Fachperson sollte dich unterstützen?

Sensibilisieren – Wen in eurem Umfeld musst du sonst noch ansprechen/sensibilisieren und ggf. auch um Zurückhaltung bitten?

Eigenaktivität anregen – Weiß dein Kind, warum es sich manchmal auf eine Art verhält, die andere schwierig finden? Hat es selbst Ideen für Veränderungen? Wo kannst du es aktiv in den Prozess mit einbeziehen? ab 3 Jahre

Deine Antworten zur obigen Liste findest du mithilfe der entsprechenden Altersgruppen- und Themenkapitel. Lies dich jeweils ein und notiere sie dir.

Check A – Ist dein Kind tatsächlich beeinträchtigt?

Der folgende Check eignet sich für Kinder ab 3 Jahren, da jüngeren unabhängig vom Temperament noch die geistige Reife fehlt, die genannten Bereiche zu bewältigen. Ist dein Kind jünger, lies im Kapitel „Soforthilfe“ weiter. Vielleicht kannst du damit schon so viel unterstützen, dass ihr nie an die in der Checkliste genannten Punkte gelangt.

Ist dein Kind 3 Jahre oder älter, mach den Check. Tausch dich mit anderen Erwachsenen aus, die dein Kind gut kennen, um eine fundierte Einschätzung vornehmen zu können. Kreuze an und ergänze eigene Beobachtungen:

Dein Kind ...

- ○ übergeht andere oft und verletzt sie.
- ○ strebt so vehement nach Autonomie, dass andere oft beeinträchtigt werden und zurückstecken müssen (familiär oder anderswo).
- ○ erfährt aufgrund seiner Art manchmal Ausgrenzung.
- ○ fühlt sich daher minderwertig und verarbeitet dies in Form von noch mehr Power, Lautstärke und Distanzlosigkeit.
- ○ zeigt und äußert in der Folge häufig, dass es sich selbst negativ sieht oder als „falsch“ empfindet.
- ○ würde bestimmte Situationen gerne meistern können, aber schafft das oft nicht in sozial akzeptabler Weise.
- ○ sagt oder zeigt deutlich, dass es daher einsam und traurig ist.
- ○ zeigt sprachlich und körperlich häufig aggressives Verhalten oder wird im Gegenteil immer verlegener und schamhafter, zieht sich auffallend zurück.
- ○ hat ungute Strategien entwickelt, um im Alltag zurechtzukommen.
- ○ hat gelegentlich starke Konzentrationsprobleme aufgrund seines Überschwangs und seiner Energie. (Beachte Infokasten Seite 28.)
- ○ zeigt Tics oder Zwänge in Momenten der Anspannung.
- ○ ist so angstfrei, dass es häufig zu extrem riskanten Situationen mit ihm kommt.
- ○ lehnt Austausch und Begleitung fast immer ab.

- ◯ sucht die Schuld für die schwierigen Situationen vorwiegend bei anderen, nie bei sich.
- ◯ geht manchmal auffallend distanzlos mit anderen um.
- ◯ wird von anderen Erwachsenen, die in guter Beziehung zu ihm sind, als harsch und unkooperativ wahrgenommen.
- ◯ und sein Verhalten schränken euer Familienleben stark ein und du leidest darunter.
- ◯ ruft in dir sogar manchmal negative Gefühle hervor, weil du nicht kompetent mit seiner Art zurechtkommst.

____

____

____

____

____

____

Treffen ein oder mehrere Aspekte aus der Aufzählung zu, musst du nicht gleich panisch werden, denn manches davon tritt ja vielleicht nur ab und an auf. Aber schau achtsamer hin, was sich da entwickelt, und nimm ernst, wenn es deinem Kind wichtig ist, etwas zu verändern – das Buch wird dir helfen. **Bereits bei einem Kreuz zeigt sich stärkerer Unterstützungsbedarf** durch dich. Die soziale Handlungsfähigkeit deines Kindes scheint eingeschränkt zu sein; dein Kind braucht durchdachte Hilfe beim Umgang mit seinem Temperament. Vielleicht bist du sogar mehr gefordert, als du bewältigen kannst. Betrachtest du dein eigenes Kind langfristig negativ, ist das eine Gefahr für eure Beziehung. Derlei Gefühle können die Bindung beeinträchtigen. Geh das an.

Gut ist es, Bereiche, die dich sorgen und die dir gerade erst bewusst geworden sind, über mindestens drei Wochen zu beobachten, um dann zu entscheiden, ob dein Kind (oder eure Familie) wirklich beeinträchtigt ist. Beobachte die Bereiche, an denen ihr schließlich gemeinsam arbeiten wollt, hingegen mindestens drei, eher sechs Monate, um entscheiden zu können, ob sich etwas durch dein Tun und die normale Reifung verändert oder ob ihr feststeckt.

KONZENTRATION IN JUNGEN JAHREN

Alle in der Liste aufgezählten Aspekte kannst du in der Regel sicher bewerten. Aber im Bereich Konzentrationsfähigkeit und Fokussierung erwarten viele Eltern häufig mehr von ihrem Kind, als ihm tatsächlich möglich ist. Konzentration ist individuell verschieden, hängt von unseren vorausgegangenen Lernerfahrungen genauso ab wie von aktuellen Ablenkungen (das laufende Radio, der brummende Hubschrauber überm Haus, der knurrende Magen ...).

In der psychologischen Forschung gelten diese durchschnittlichen Richtwerte für die Konzentrationsspanne:

- Kindergarten- und Einschulungsalter: 15 Minuten
- Grundschulalter: 20 Minuten
- Vorpubertät: 25 Minuten
- Pubertät: 30 Minuten

Wenn du also den Punkt „Konzentrationsprobleme" bewertest, denk an diese Angaben. Manchen Kindern ist es simpel und eigenständig möglich, von einer Konzentrationsspanne in die nächste zu wechseln, vor allem bei Themen, die sie interessieren. Aber den meisten Kindern nicht. Vergleiche nicht mit anderen, sondern beobachte dein Kind.

Selbst wenn ein Kindergartenkind mal eine Stunde im Sandkasten buddelt, in einem Puzzle versinkt oder einen Film anschaut, heißt das nicht, dass es kontinuierlich ganz bei der Sache war und sich dieses Vertiefen auf andere Momente übertragen lässt. Dein Kind ist hier also nur auffällig, wenn es ständig deutlich unter den genannten Zeiten liegt.

Check B – Brauchst du fachliche Hilfe?

Wildheit ist keine Krankheit! Aber extreme Ausprägungen können nicht nur Zeichen eines enthusiastischen Temperaments sein, sondern auch auf psychologische oder beziehungsbedingte Auffälligkeiten hinweisen. Das ist allerdings nicht so oft der Fall, wie unser Umfeld uns weismachen möchte! Emotionale Entwicklungsstörungen, AD(H)S, Wahrnehmungsstörungen oder Autismus werden nur bei einem Bruchteil der Kinder in Deutschland diagnostiziert. Dabei kommen in der Regel **mehrere** Verhaltensauffälligkeiten in **extremer** Ausprägung zusammen und tauchen **ständig** und situationsübergreifend auf, also nicht nur in der Kita oder nur mit Oma. Meist sind diese Kinder schon von Geburt an durchgängig extrem auffällig. Schließlich sind natürlich neuropsychologische Befunde möglich.

Es gibt auch körperliche Ursachen für auffälliges Verhalten, wie etwa Seh- oder Hörprobleme (die im Rahmen der Vorsorgeuntersuchungen auffallen sollten), und viele Zwischenstufen zwischen impulsivem Temperament und einer echten, diagnostizierbaren Störung. Ein Beispiel sind zeitweise Wahrnehmungsschwächen. In solch einem Fall benötigt ein Kind deutlich mehr Reize als andere, um sich zu spüren und die Welt wahrzunehmen, sucht also mehr „Input" und reagiert oft impulsiv, auch aggressiv, distanzlos oder risikobereit. Das ist gut therapierbar, vor allem wenn man früh startet, und wird in der Regel im Rahmen der Vorsorgeuntersuchung erkannt.

Außerdem gibt es Faktoren für auffälliges Verhalten, die nicht im Kind angelegt sind, zum Beispiel traumatische Ereignisse, Bindungsproblematiken oder Beziehungsstörungen. Diese werden bei einer Diagnostik mit abgeprüft.

Sind die Kinder gesund, haben wir es mit Varianten eines Temperaments zu tun, die einfach beschwerlicher erscheinen als andere und kulturell unerwünscht sind. Das Temperament deines Kindes lässt sich nicht verändern, aber der Umgang damit kann und sollte geübt werden **und dein Kind sollte Fortschritte zeigen. Bleiben Motivation und Kontrolle schwierig, ist dies ein Indiz dafür, dass mehr hinter seinem Verhalten steckt als nur das Temperament.**

ab 3 Jahre

Kreuze in der folgenden Liste an, was deiner Beobachtung entspricht – jetzt und in drei bis sechs Monaten erneut, um ein objektives Bild zu bekommen. (Eventuell nach Rücksprache mit anderen erwachsenen Bezugspersonen deines Kindes). Die Liste ist wieder geeignet für Kinder ab etwa 3 Jahren, da sich erst dann bestimmte Strategien verfestigt haben und die geistigen Fähigkeiten in der Art gereift sind, dass dein Kind die folgenden Auffälligkeiten aus entwicklungspsychologischer Sicht nicht (mehr) kontinuierlich zeigen sollte. Setze ein Kreuz, wenn eine Problematik **ständig stark** auftritt.

	jetzt	in 3–6 Mon.
Hemmung oder Enthemmung: Dein Kind ist ständig unsicher aufgrund seiner Erfahrungen, obwohl es als selbstsicherer Mensch gestartet ist. Es fängt an, Situationen und Begegnungen zu meiden oder geht diese immer auffälliger, lauter und forscher an, um die eigene Unsicherheit zu überspielen.		
Leiden: Dein Kind äußert vielleicht sogar bewusst, dass es Kontakte vermeidet. Möglicherweise fühlt es sich dabei minderwertig und hat regelrecht Angst vor negativen Rückmeldungen und Konflikten.		
Starke Auffälligkeiten: Es bewegt sich übermäßig (eventuell in musterhaftem Ablauf) oder ist nervös, schläft vielleicht sogar schlecht oder fällt in frühere Verhaltensweisen zurück (z. B. Einnässen, Daumenlutschen, sprachliche Rückschritte). Oder es scheint dir, als könne eine Ess-, Schlaf- oder andere Regulations- oder Verhaltensstörung vorliegen.		
Psyche: Du hast den Eindruck, dein Kind ist lustlos, schwer traurig, depressiv oder es äußert sogar Suizidgedanken. Denken an und Sprechen über den Tod sind nicht immer Alarmzeichen, denn die meisten Kinder beschäftigen sich im Laufe ihrer Entwicklung intensiver mit diesem Thema. Bist du nicht sicher, was dahintersteckt, frag aber lieber einmal zu viel als zu wenig eine Fachperson.		

	jetzt	in 3–6 Mon.
Aggression: Dein Kind zeigt sich (dir gegenüber) feindselig oder verhält sich übermäßig aggressiv, steht beständig unter Druck, verbiegt sich vielleicht oder schauspielert, um akzeptiert zu werden. Seine bisherigen Strategien im Umgang mit der Forschheit verursachen ihm offensichtlich dauerhaften Stress.		
Distanzlosigkeit: Die Distanzlosigkeit deines Kindes zu anderen Menschen ist erschreckend. Manchmal zeigt sie sich vielleicht extrem wechselhaft und du kannst dein Kind hier gar nicht einschätzen.		
Tics: Stress und Anspannung äußern sich wiederkehrend als Tics oder Zwänge, eventuell in (psychosomatischen) Schmerzen oder gar häufigem Erbrechen.		
Empathie: Dein Kind hat bis ins Grundschulalter hinein Probleme damit, sich empathisch zu zeigen (z. B. auch Mitgefühl für Tiere zu empfinden) oder Perspektivwechsel zu schaffen, obwohl ihr das zusammen beständig geübt habt und du es vorgelebt hast. Mögliche zugrunde liegende Störungen sollten mindestens ausgeschlossen oder eben rechtzeitig festgestellt werden.		
Konzentration: Dein Kind zeigt nach der Einschulung dauerhafte Aufmerksamkeitsdefizite, egal um was es geht, macht Fehler und ist außergewöhnlich vergesslich. Es kann nicht warten und stört ständig normale Abläufe.		
Soziales Miteinander: Dein Kind kann bis ins Grundschulalter hinein nicht annehmen, Teil einer Gruppe zu sein, oder was andere Erwachsene von ihm erwarten.		
Stillstand: Die kleinen Schritte, die ihr mit diesem Buch angegangen seid, helfen mittelfristig leider überhaupt nicht weiter oder aber dein Kind lässt sie nicht mal zu. Es verweigert Selbstarbeit und verliert sich vielleicht beständig darin, Schuld bei anderen zu suchen (obwohl du ihm das nicht vorlebst).		

ab 6 Jahre (Empathie)

ab 6 Jahre (Konzentration)

ab 6 Jahre (Soziales Miteinander)

	jetzt	in 3–6 Mon.
Erfahrungen: Es gibt/gab beeinflussende Erfahrungen im Leben des Kindes, die die Wildheit und Distanzlosigkeit massiv verstärkt haben, und dein Kind kommt damit weder allein noch mit deiner Hilfe zurecht (z. B. langanhaltend mehrfache Misserfolge beim Suchen nach Freundschaften, beständiges Erfahren von Ablehnung, ungute Erziehungsmethoden anderer Bezugspersonen oder eine Elterntrennung, ein Umzug und/oder Schulwechsel).		
Familienleben: Äußere Faktoren wie Rückmeldungen und Forderungen oder sogar Maßnahmen in Kindergarten oder Schule werden extrem übergriffig und überfordernd, sodass ihr als Familie damit nicht mehr allein umgehen könnt.		
Elternschaft: Ihr Eltern seid euch absolut uneinig im weiteren Umgang mit eurem Kind.		
Überforderung: Du fühlst dich täglich überfordert. Das heißt noch lange nicht, dass dein Kind wirklich ein Problem, eine Störung o. Ä. hat. Aber vielleicht gibt es einen Grund, der in euch Erwachsenen liegt und das Begleiten gerade dieses Kindes schwierig macht. Dann kann Erziehungsberatung hilfreich sein.		

Zeigt dein Kind auch nach Bearbeitung der als problematisch identifizierten Themenfelder etwa ein Viertel- bis halbes Jahr später weiterhin oder stärker eine oder mehrere der genannten Verhaltensweisen? Oder bejahst du/bejaht ihr als Eltern kontinuierlich die beiden letztgenannten Punkte der Liste, solltet ihr externe Unterstützung zur weiteren Beratung und gegebenenfalls auch Diagnostik und Therapie hinzuziehen.

Fachpersonen können durch gezielte Diagnostik den möglichen Zusammenhang mehrerer Symptome klären und dem Ursprung der Probleme professionell auf die Schliche kommen. Es *kann* eine Entwicklungsschwäche oder eine Störung vorliegen, die therapeutisch begleitet werden sollte, und es *könnte* sogar eine hormonelle Störung vorliegen, die das Zusammenspiel von Amygdala und dem Botenstoff Dopamin betrifft, aber das muss nicht so sein.

Doch selbst wenn sich nichts feststellen lässt, ist pädagogische Beratung sinnvoll, wenn *du* nicht weiterkommst. Vielleicht haben sich unbewusst ungute Methoden bei dir und deinem Kind eingeschlichen, die du nur mithilfe von außen erkennen und dann verändern kannst.

Denn manchmal ist das Verhalten gar nicht im Kind begründet, sondern es klemmt etwas in der Beziehungsebene, das sich finden und beheben lässt. Oft steckt ein übersehenes Bedürfnis eines Kindes dahinter, das man als Elternteil nicht immer allein entdecken kann. Häufig sind es auch Themen der Eltern, die den Umgang erschweren. Und wenn wirklich eine Störung vorliegt, ist fachliche Diagnostik unabdingbar, um deine Beobachtungen zu klären. (Beachte, dass manche Störungen erst ab dem Vorschulalter sicher diagnostiziert werden können.)

Andrea (37), Mutter von zwei Kindern (4, 6), über ihren Sohn (6)

„Dass unser großer Sohn anders ist, haben wir bereits gemerkt, als er ein Säugling war. Auch in der Kita bemerkten die Betreuerinnen, dass er ‚die Welt manchmal ganz anders sieht'.

Im Kindergarten empfahl man uns eine Abklärung bei einer Kinderpsychologin. An Asperger dachte da noch keiner, wahrscheinlich eher an ADHS. Zusammen mit den Aussagen der Kindergärtnerin und meinen Eindrücken ergab sich dann die Verdachtsdiagnose auf Asperger. Ich weiß noch, wie mich die Psychologin gefragt hat, wie ich mich fühle. Ganz ehrlich? Ich war einfach erleichtert, endlich einen Namen dafür zu haben. Endlich die Gewissheit, dass ich nicht doch irgendwie schuld bin."

Frag lieber einmal zu viel als einmal zu wenig bei der Kinderarztpraxis oder einer anderen Hilfsstelle nach. Sie verweisen dich bei Bedarf an eine kinderpsychologische Praxis oder ein sozialpädiatrisches Zentrum (SPZ). Tausche dich mit allen Menschen aus, die deinem Kind enge Bezugspersonen sind, um die Lage richtig einzuschätzen. Erscheint dir die erste Fachmeinung nicht als eindeutig genug, ist es absolut in Ordnung, eine zweite einzuholen. Führe die Gespräche ohne Kind, solange seine Anwesenheit nicht notwendig ist, damit es dadurch nicht belastet wird.

DISTANZLOSIGKEIT: COOL ODER NUR „PSEUDOSICHER"?

Wenn du dein Kind als distanzlos empfindest und dies immer wieder unangenehm wird, ist es sehr schwierig, allein einzuschätzen, was die Ursache dafür ist. Übermut und Impulsivität sind die wahrscheinlichsten – sein Temperament also.

Bei manchen Kindern steckt jedoch ein unklares Bindungsmuster dahinter. Sie suchen ständig überall Anbindung und wirken dabei selbstbestimmt, obwohl sie es ganz und gar nicht sind. Denn sie haben dabei großen inneren Stress und fallen auf: durch Wechsel von Bindungssuche und Ablehnung sowie dadurch, dass sie in ihrem Umfeld Chaos und Belastung auslösen.

Zeigt sich dein Kind so und hast du dazu das Gefühl, deine Verbundenheit mit deinem Kind hat Risse, deine eigenen Themen belasten deine Feinfühligkeit? Kläre dies ab. Eine bindungsbasierte Diagnostik gibt dir Klarheit und vermittelt bei Bedarf die passende therapeutische Begleitung. Die Kapitel „Bilder aus der Vergangenheit" und „Liebe und Verbundenheit" können deinen Blick dafür schärfen. Scheue dich nicht, bei Unsicherheiten eine*n Fachfrau*mann zu kontaktieren, und sei es nur, um eine Diagnose definitiv auszuschließen.

Hast du das Gefühl, nicht weiterzukommen, nicht die richtigen Ansprechpartner zu finden oder überall ewig auf einen Termin warten zu müssen, während bei euch zu Hause die Not täglich größer wird, wende dich ans Jugendamt. Es kann deine Ressource sein, Tempo in die Vorgänge bringen und umgehend Hilfen gewähren. Hast du hier Berührungsängste, ist ein Erstkontakt immer anonym möglich!

Verspricht dir eine unterstützende Stelle eine einfache, rasche Ruckzuck-Hilfe, sei unbedingt vorsichtig. Oft sind diese Wege nicht kindorientiert. Investiere lieber in langsame, langfristige Unterstützung, auch wenn dies für dich großen Aufwand bedeutet – es wird sich lohnen sowie dem Kind und eurer Beziehung zugutekommen.

Therapien zu Hause oder ambulant und in deiner Begleitung sind zunächst immer sinnvoller als stationäre Aufenthalte in Kliniken. In einer gewohnten, sicheren Umgebung ist die Atmosphäre schlichtweg lernfreundlicher.

10 Tipps zur Soforthilfe bei Wildheit

Unabhängig davon, welche Punkte der Aufzählung du angekreuzt hast, welche Themen dir Sorge machen und ob eine weitere Begutachtung durch eine Fachstelle angeraten ist, kannst du dein Kind und eure Verbindung auf jeden Fall folgendermaßen stärken:

Bewusster wahrnehmen: Wenn du dich sehr belastet fühlst, achte bewusst darauf, dein Kind und seinen Alltag im Blick zu haben, z. B. indem du Notizen machst und so längerfristig nachverfolgen kannst, was passiert, was immer wieder schiefläuft usw. Ohne solche Protokolle behält man leicht nur das Schlechte im Gedächtnis und bemerkt kleine Veränderungen nicht.

Entspannung im Wochenplan: Achte bewusst darauf, ob du den Alltag genau im Blick hast: Gibt es zu viel, was herausfordert? Zu wenig Pausen? Zu wenig Struktur? Doch zu viele Reize und Konfliktfelder? Bekommt dein Kind zu wenig Anleitung von dir? Kannst du Termine im Wochenplan reduzieren? Oder könnt ihr mehr Zeit zwischen zwei geplanten Unternehmungen lassen und diese entspannend füllen (z. B. lieber mal zu Fuß gehen, als die volle Bahn zu nehmen oder schnell ins Auto zu steigen)?

Entspannung an der Basis: Sorge zusätzlich gezielt für Entspannung: Wer Pause macht, Atemspiele oder Entspannungstechniken kennt, lernt einerseits seinen Körper besser kennen und kann ihn leichter steuern, andererseits wird er von Grund auf weniger gestresst sein. Vielen, gerade jüngeren, wilden Kindern fällt es schwer, selbst den Moment abzupassen, indem sie sich zurückziehen und nach Entspannung suchen sollten. Da bist du gefragt! Ratsam sind zum Beispiel Massagespiele (gerne mit Hilfsmitteln wie Tüchern, Schwämmen oder Bürsten), Progressive Muskelentspannung nach Jacobsen (möglich mittels CD und Videos) und Fantasie- oder Körperreisen (mithilfe von Büchern oder Videos).

1:1-Zeit: Gönnt euch vermehrt Zeit zu zweit. Nicht nur das Essen, die Wege, die Alltagszwänge, sondern bewusste Zeit ohne „Ziel“. Lass dein Kind mitbestimmen, was es mit dir unternehmen möchte. Zeige echtes Interesse an ihm und macht Dinge wirklich gemeinsam.

ab 3 Jahre

Kommunikation: Suche häufiger das Gespräch mit deinem Kind, um besser einzuschätzen, wie es all die Herausforderungen in seinem Alltag empfindet: Nehmt ihr manches unterschiedlich wahr? Welche Gründe sieht es selbst für sein Tun? Kannst du irgendwo eine bessere Hilfe sein?

Vielfalt sehen: Thematisiere nicht nur ständig die Wildheit: Dein Kind ist so viel mehr!

Kleine Schritte: Wenn ihr Ziele gefunden habt, an denen dein Kind mit dir arbeiten mag, macht euch kleinschrittige Pläne. Achte dabei darauf, dass das Kind sich als aktiv und problemlösend erlebt. Nicht du sollst sein Temperament umschiffen – dein Kind soll das selbst hinbekommen. Fordere es! (Die einzelnen Themenkapitel werden dir Impulse geben.)

Selbstwertgefühl: Vergiss den Selbstwert nicht! Den stärkst du am ehesten, indem dein Kind seine Neigungen ausleben, Erfolge und Handlungsspielräume erleben, aber auch seinen Wert für euer Familiengefüge spüren darf.

Konzentration: Stärke ggf. die Konzentrationsfähigkeit, damit dein Kind seinen Enthusiasmus nützlich und fokussiert leben kann. Stichworte sind hier: Organisationsideen, Strukturierungshilfen, Sichtbarmachen von Zeit, Erholungsphasen. (Mehr dazu in den folgenden Kapiteln.)

Selbstfürsorge: Schau hin, was du brauchst, und lerne, dies wertschätzend einzufordern. Dann kannst du Hilfe und Vorbild sein.

Ziel ist dabei immer, dein Kind zu stärken! Für sich. Für seinen Lebensweg. Für seine Kompetenz. Das, was andere gerne hätten, das, was Institutionen sich vorstellen, damit der Alltag mit deinem Kind dort leichter wird, irgendwelche Wunschbilder, deine eigenen Ideale, die fern vom eigentlichen Wesen deines Kindes sind, sollten außen vor bleiben! Es geht in erster Linie um das Kind und zusätzlich darum, wie gut du aufgestellt bist. Der genaue Weg kann keinem Muster folgen, ihr müsst ihn individuell gestalten. Alle Impulse in diesem Buch musst du an dein Kind und eure Situation anpassen.

In den einzelnen Kapiteln findest du Ideen zu jedem Aspekt, sortiert nach Altersgruppe und Situation. Vieles kannst du erst einmal genau beobachten und einschätzen, ohne dein Kind zu belasten. Anderes könnt ihr, besonders ab dem Vorschulalter, gemeinsam angehen, ohne weitere Expert*innen an eurer Seite. Vielleicht wird es dadurch schon leichter für alle Beteiligten – und dein Kind wird sein Wesen kompetenter und selbstständiger händeln.

In den Beratungen höre ich oft den Satz „Wenn ich mit dem Kind allein bin, ist das eigentlich gar kein Problem." Heißt das, ein Kind hat verschiedene Gesichter, kann „ein Engelchen" sein, wenn es nur will? Und ist andernfalls absichtlich böse?

Nein! Wir sind Bindungswesen. Ist dein Kind bei dir sicher gebunden und verbringt 1:1-Zeit mit dir, sind die Voraussetzungen am besten, dass es sich gut regulieren kann. Störfaktoren sind quasi nicht vorhanden. Du kannst es gut verstehen, es kann sich auf dich verlassen, ihr seid ein gutes Team.

Dein Kind schaltet also nicht bewusst von Engel auf Teufel, sondern braucht schlichtweg viel Zeit mit und Aufmerksamkeit von engen Bezugspersonen.

ARBEIT AN DIR SELBST

Du möchtest dein Kind unterstützen, aber bitte vergiss dich selbst dabei nicht. Denn helfen kostet Kraft. Was kannst du für dich tun, um besser aufgestellt zu sein?

Vermutlich liest du dieses Buch, weil das Verhalten deines Kindes andere oder dich anstrengt, weil du dich um dein Kind sorgst, weil du manche Situation gerne anders angehen möchtest. Hierbei ist entscheidend, dass du nicht nur dein Kind in den Blick nimmst oder euer Umfeld – schau auch auf dich selbst.

Deine Voraussetzungen

Was steckt in dir, das den Alltag mit deinem wunderbaren wilden Kind erschwert? Was fehlt dir, um dein Kind besser begleiten zu können?

Finde heraus, an welchen Baustellen du selbst, unabhängig von deinem Kind, arbeiten musst:

- Wie war deine Kindheit: War Wildheit okay? Oder klopfen in dir Vorwürfe und Beschimpfungen von damals an und setzen dich unter Druck?
- Wie ist dein Wesen? Hältst du dich für eine mutige, laute, auch manchmal anstrengende Person? Bist du deinem Kind ähnlich? Hast du für dich selbst schon gute Strategien gefunden?
- Was macht die Wildheit deines Kindes mit dir? Was passiert in dir, wenn es tobt, riskiert, schreit? Welche Situationen sind besonders herausfordernd?
- Wie geht es dir mit den Blicken und Bemerkungen der anderen?

Wenn du diese Fragen beantwortet hast, investiere in dich, Schritt für Schritt, um deinem Kind offen zu begegnen und es im Umgang mit anderen zu begleiten.

Bilder aus der Vergangenheit

Als du Kind warst, war es sicher noch schwieriger, ein wildes Temperament zu haben, als heute. Hattest du laute, forsche Freund*innen? Warst du selbst das laute Kind? So oder so hast du sicher erlebt, dass Lautstärke, Spontanität, Übermut und Wildheit stark reglementiert wurden. Und zwar nicht sehr wertschätzend.

Diese Erfahrungen haben in dir Spuren hinterlassen, die du bewusst angehen musst: Ist nun dein Kind das laute, wilde, manchmal respektlose, kann es gut sein, dass in deinem Kopf ein Film anspringt, der dich unter Druck setzt. *„Das darf man nicht!“* und *„Ich muss das unter allen Umständen verhindern!“*, denn *„Was sollen die Leute denken?!“* Und vielleicht pikst auch ganz tief in dir ein wenig Missgunst, weil du in ein anderes Elternhaus hineingeboren wurdest als dein Kind jetzt? Ja, das kann sein und du musst dich dafür nicht schämen; aber lernen, damit umzugehen.

Zum Glück wissen wir es heute besser als eine Generation zuvor. Viele Eltern versuchen, verschiedene Temperamente anzunehmen, und verstehen, dass die Skala der „normalen“ Verhaltensweisen lang ist. Entwicklungspsychologisches Wissen ist für Väter und Mütter zugänglich, aber auch für Erzieher, Lehrkräfte und Kinderärztinnen. Das schafft Raum, Sicherheit im Umgang und deutlich mehr Toleranz. Aber es bleiben die Sätze im Kopf und Vorurteile von Menschen, die die moderne Sichtweise nicht annehmen können oder wollen.

Das sind deine Kämpfe! Geh sie an, damit du dein Kind besser begleiten kannst und dich selbst nicht fertigmachst.

Selbstbehauptung

Um gewappnet zu sein gegen diejenigen, die immer noch der Meinung sind, dass ein wildes Temperament ungehörig sei und komplett unterdrückt werden müsse, brauchst du zwei Dinge:

- Informationen
- und eine Akutstrategie

Falls Vorwürfe auf dein Kind oder dich als Erziehende*n einprasseln, kannst du selbstsicher auftreten, wenn du gut informiert bist. Du weißt um den Einfluss der Amygdala und des angeborenen Temperaments, wie in den vorangegangenen Kapiteln erläutert. Du weißt auch, dass die kindliche Entwicklung und das Einüben von Strategien Zeit benötigen. Das ist eine gute Basis. Denn was die Blicke der anderen in uns auslösen sind vor allem Unsicherheit und Angst: davor, das Kind doch zu „verziehen", doch „schuld zu sein". Dieser Angst begegnest du am besten aktiv. Du hast dein Kind bewusst im Blick und arbeitest gezielt an Entwicklungsaufgaben. Strahle dieses Selbstbewusstsein aus und formuliere es.

Bereite außerdem einen Satz vor, den du möglichst immer abrufen kannst, auch wenn du dich angegriffen fühlst – **„das erste Stoppschild"**:

- *„Du siehst mein Kind falsch!"*
- *„Deine Vorstellung von normalem Verhalten ist veraltet."*
- *„Ich weiß sehr gut, was mein Kind gerade braucht."*

Überleg dir, welcher Satz gut zu dir passt, als eine Art erste Bremse bei unangenehmen Reaktionen. Schreibe oder male ihn auf ein großes Blatt, das du zu Hause ins Schlafzimmer hängst, an den Spiegel oder in den Kleiderschrank. Je öfter du darauf schaust, desto besser kannst du ihn dir einprägen und bei Bedarf abrufen. Halte ihn bei „Angriffen" wie ein Stoppschild hoch, um dich zu sammeln und mit starkem Rücken für dein Kind einzutreten.

Andrea (37), Mutter von zwei Kindern (4, 6), über den Umgang mit Kritikern

„Ich meide Spielplätze, fahre ungern Zug mit meinem Sohn und Playdates hatten wir auch noch nie. Es ist deutlich spürbar, dass Fremde denken, er sei schlecht erzogen.

Wenn meine Freundin mit ihren ruhigen, gechillten Kindern im Zug sitzt, halten sie alle für ‚gut erzogen'. Obwohl das einfach ihrem Naturell entspricht und meine Freundin nichts dazu beigetragen hat. Wenn mein Kind es nicht schafft, 15 Minuten ruhig im Zug zu sitzen, erhalte ich böse Blicke oder Kommentare. Obwohl ich schon so viel Zeit und Energie investiert habe, ihm zu erklären und zu zeigen, warum es wichtig ist, sich im Zug etwas leiser und ruhiger zu benehmen.

Es ist sehr frustrierend und obwohl es mir egal sein sollte, was andere denken: Die oft unausgesprochenen Vorwürfe treffen. Ich bin unendlich dankbar, zwei gute Freundinnen mit Kindern im ähnlichen Alter zu haben, die die Art meines Sohnes akzeptieren. Auch wenn unsere Treffen selten entspannt sind.

Das obige Zugbeispiel haben wir inzwischen einigermaßen im Griff – außer, wenn er müde oder aufgeregt ist. Ablenkung heißt das Zauberwort: Ich habe immer ein paar kleine Pixi-Büchlein dabei, die ich bei Bedarf hervorholen und erzählen kann. Oder sie dürfen sich ein Video auf dem Handy anschauen (ohne Ton). Letzteres gibt dann auch wieder böse Blicke, aber die Leute können halt nicht alles haben: Entweder ich darf auf solche Hilfsmittel zurückgreifen oder es ist laut."

Positionierung

Wenn dein Kind sich in all' seiner Wildheit zeigt, sei nicht ständig angespannt aufgrund der Erwartungen und Glaubenssätze in deinem Kopf. Je besser du sie loswirst, desto entspannter kannst du im Akutfall bleiben. Versuche mit einer Mindmap, also einer Gedankensammlung auf Papier, aktiv daran zu arbeiten:

- Notiere die Vorwürfe, die dein Kind schon bekommen hat.
- Notiere in einer anderen Farbe die Sprüche, die du in deiner Kindheit und Jugend zu wilden Kindern hören musstest.
- Schreibe mit einem dickeren Stift die Gründe für die Wildheit dazu.
- Und notiere mit einer dritten Farbe, welche Strategien dein Kind schon gelernt hat, um sein Temperament sozial verträglich auszuleben oder auszubremsen.

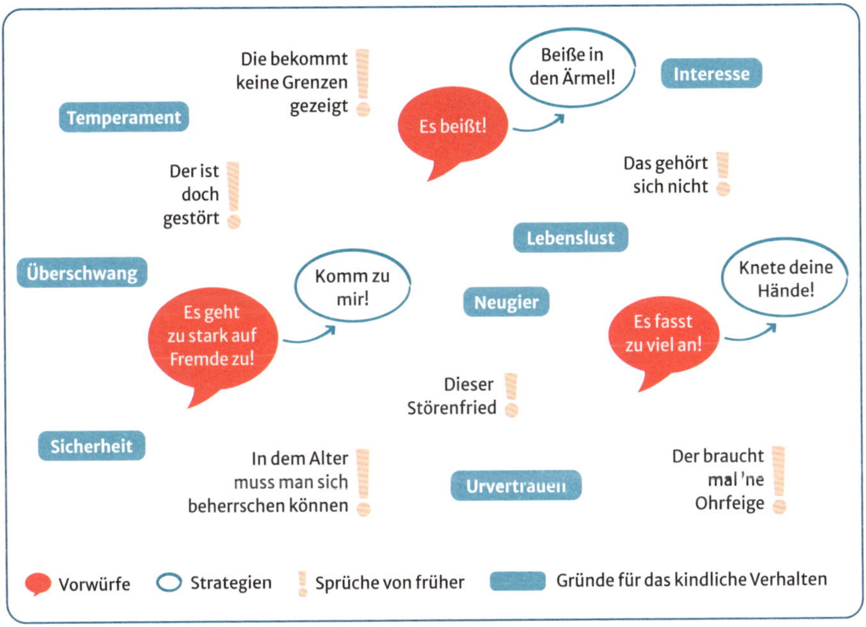

Das werden vermutlich noch nicht so viele Strategien sein, aber du kannst sehen, was ihr schon geschafft habt und wo genau die Bereiche liegen, die ihr noch angehen solltet. Du erkennst, wie viele Vorurteile und altbackene gesellschaftliche Konventionen im Thema stecken, die nicht zu einem bedürfnisorientierten Weg passen: **Was kann dein Kind, was braucht dein Kind, wie kannst du helfen?** Das ist dein Fokus. Streiche die Vorwürfe weg, am besten mit Korrekturflüssigkeit.

Visualisieren hilft vielen Menschen beim Lernen und beim Erwerben neuer Strategien. Das gilt für unsere Kinder, aber es gilt auch für uns selbst. Sachverhalte und Pläne, die wir aufschreiben oder auch malerisch gestalten, prägen wir uns leichter ein.

Im Anschluss an dieses Mindmapping und nach der Lektüre des Buches kannst du dir einen zweiten Plan machen: Welche Strategien wollen du und dein Kind neu ausprobieren? Sammle prägnante Stichworte.

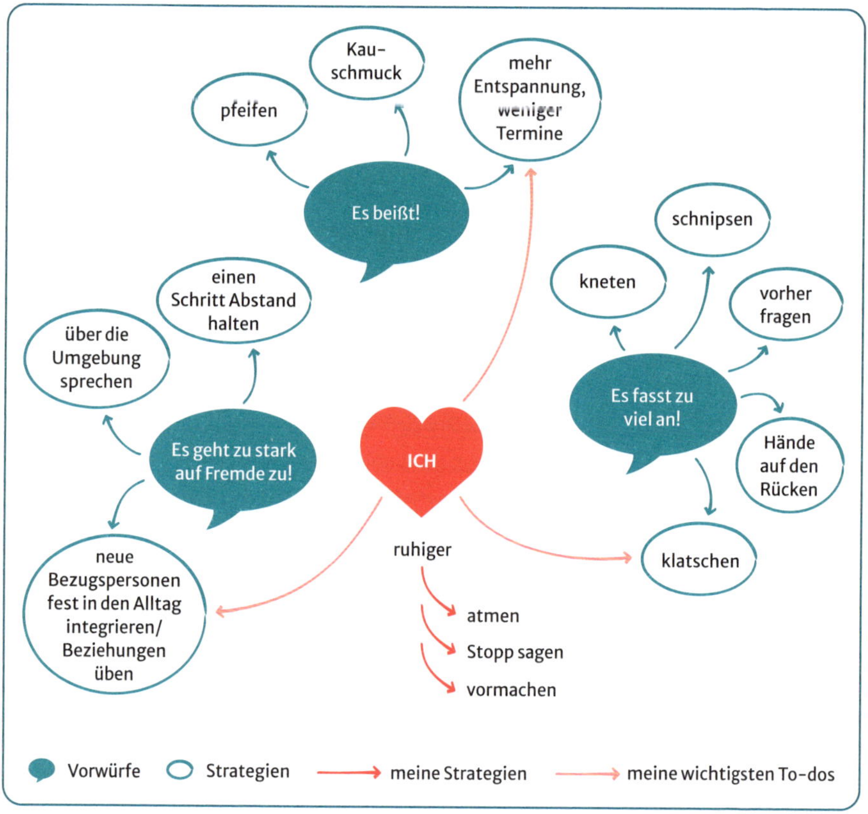

Diesen Plan kannst du aufhängen (für dich, nicht für dein Kind) und nach und nach ergänzen. Wenn du darüber sprichst, kannst du dir die Einzelheiten leichter merken. Suche dir also jemanden, dem du vertraust, und rede darüber, was ist und was werden soll. Je nachdem wie tief verankert Hemmungen und Zweifel in dir sind, kann das eine Freundin oder ein Freund oder ein professioneller Coach sein.

Oder verbinde die Strategien oder Sätze, die du in den akuten Momenten voller Wildheit deines Kindes nutzen möchtest, mit einer Bewegung oder Geste. Beispielsweise:

- *„Ich will ruhiger bleiben (damit ich mein Kind besser begleiten kann)!“* → Leg deine Hand auf den Brustkorb, sodass du Herz und Atmung spürst.
- *„Ich will nicht mit laut werden!“* → Schließe deine Hand vor dem Mund zu einer Faust, die die lauten Worte einfängt.
- *„Stopp – aus der Situation gehen!“* → Presse beide Füße gleichzeitig auf den Boden und spanne deinen ganzen Körper an, um ganz bei dir zu sein. Zusätzlich oder alternativ drück deine Hände auf die Oberschenkel. Denn du bist der Ausgangspunkt, um die Situation zu lösen.

Das klingt albern und schauspielernd? Schau, was zu dir passt und was du ausprobieren magst. Es wird dir helfen, dich zu erinnern, wenn deine eigenen Emotionen hochkochen. Ist dein Kind schon im Schulalter, kann solch ein Plan auch ihm helfen, sich trotz aufgeregter Anspannung vorab Besprochenes ins Gedächtnis zu rufen. Dann zeichnet eine eigene Mindmap und hängt sie fürs Kind auf. Die Gesten dürfen dann spielerischer gestaltet sein: Da ist es nicht nur eine erhobene Hand, die Wörter fängt, sondern ein Greifvogel, der laute Wörter frisst, oder eine Ritterrüstung, die von oben herunterfällt, dein Kind abschirmt und es innehalten lässt. Diese Techniken helfen beim Erinnern und Umsetzen, aber sie schaffen auch noch etwas anderes. Sie machen dich und dein Kind aktiv. Ihr seid keine „Opfer“ von Temperament und Umfeld. Ihr könnt etwas unternehmen, was eure Verbindung nebenbei noch vertieft.

KREATIVITÄT WECKEN

Manchmal fällt es Eltern schwer, allein ins Mindmapping oder Visualisieren zu finden. Im Rahmen des Buches „Mein Familienkompass" (Ullstein Verlag) bietet die Autorin und Journalistin Nora Imlau ständig neue Onlinekurse in der sogenannten „Kreativwerkstatt" an. Sie helfen dabei, entsprechende Techniken für sich zu entdecken und weiterzuentwickeln, um Glaubenssätze präsenter zu machen und vor allem auch zu verändern.

https://www.nora-imlau.de/familienkompass/

Deine Grenzen

Zeigt dein Kind sein Temperament überdeutlich Fremden, Freunden, Freundinnen oder Verwandten gegenüber, kann das in dir trotz eures Übens zu Hause noch viel auslösen. Je näher dir die Personen stehen, desto mehr fühlst du dich eventuell unter Druck gesetzt. Unabhängig davon, ob die anderen überhaupt etwas zu seinem Verhalten *sagen*, können eigene Erfahrungen und die Bilder aus der Vergangenheit dich stressen.

„Ich stehe zu meinem Kind. Vor allen Leuten. Immer." Dieser Satz bedeutet natürlich nicht, dass du jedes Verhalten hinnimmst. Aber er zeigt deinem Umfeld, dass du nicht sofort beschuldigen und verurteilen wirst. Stattdessen nimmst du ein Problem wahr und suchst nach Ursachen, Lösungen und Veränderungen für die Zukunft. Mit deinem Kind, nicht gegen es. Du darfst den Satz denken oder auch aussprechen, ganz wie es dir hilft.

Wenn du auf dein Kind oder gar auf deinen Erziehungsstil angesprochen wirst, kannst du entweder sofort reagieren oder die Situation verlassen und später in Ruhe eine Strategie planen.

Was kannst du sofort tun?

Hast du das Gefühl, sofort reagieren zu wollen, hol dir dein Kind mit einem liebevollen Blick vors innere Auge, denn nur um dieses Kind geht es hier. Du bist seine Löwenmama oder der Löwenpapa – stark, schlau, selbstsicher, beschützend, Fachfrau oder -mann für dein Kind.

Dieses Kind soll spüren, dass du für es da bist, egal wie es sich verhält – auch wenn es nicht nur ausgeflippt ist oder zu laut war, sondern sogar etwas zerstört, geklaut, geschlagen oder gelogen hat. Es hatte einen Grund! Ihm hat etwas gefehlt, es kommuniziert.

Mit Kind: Folgende Sätze können dir eine Hilfe sein und das bereits erwähnte „erste Stoppschild" ergänzen. Sie blicken auf die Ursachen im Kind, auf die Gefühle des Anderen und lösen die momentane Situation auf. Du kannst sie auch aussprechen, wenn dein Kind dabeisteht und zuhört:

- **Beschreiben und sensibilisieren:** *„Ich denke, die Wildheit gerade erklärt sich mit … /Mein Kind braucht jetzt …"*
- **Anerkennen und abgrenzen:** *„Ich sehe, dass du dich damit nicht wohlfühlst und das vielleicht zu recht. Ich kläre das mit meinem Kind aber erst mal allein."* und *„Deine Aussage ist ein Urteil, das so nicht richtig ist. Das hilft uns gerade gar nicht."*
- **Lösen:** *„Du könntest meinem Kind helfen, indem du jetzt …"* oder aber auch *„Für heute gehen wir vielleicht lieber. Ich werde noch mal das Gespräch mit dir suchen, wenn wir zu Hause Zeit zum Klären hatten."*

Wenn du schon eine Weile gemeinsam mit deinem etwas größeren Kind an der Wildheit arbeitest und es Fortschritte zeigt, ermutige es, an der Situation teilzuhaben. Du kannst fragen, was los war, was es braucht und ansprechen, was sein Verhalten bei den anderen auslöst. Aber dein Kind braucht bis zum Einschulungsalter Anregung zum Aktivwerden: **Was kann es tun? (Nicht: Was soll es lassen?)**

Ist dein Kind eher erstarrt, wenn Dritte es ansprechen, löse die Situation für dein Kind und erwarte nicht zu viel: Sprich, handle, geh notfalls auch mit ihm aus der Situation. Und biete ihm immer Sicherheit durch Blicke, zugewandte Körpersprache und Berührungen an. Auch ein Grundschulkind braucht Schutz, nicht Konfrontation.

Sprich an, was andere Menschen fühlen. Aber nicht, um deinem Kind ein schlechtes Gewissen zu machen, Es soll verstehen und sein Verhalten ändern, weil es begreift, nicht aus Angst und Druck.

Ohne Kind: Spricht dich jemand an, ohne dass dein Kind zuhört, hast du mehr Möglichkeiten, sowohl für dich als auch für dein Gegenüber etwas Konstruktives entstehen zu lassen:

- **Beschreiben und sensibilisieren:** Erkläre, wie du dein Kind siehst, was du schon unternimmst und was du für unnötig hältst.
- **Anerkennen und nutzen:** Nimm wertschätzend vorgetragene Fragen oder Kritikpunkte an und schau genau hin, ob darin Hilfe steckt. Oft sind die Erfahrungen anderer unterstützend und vermeiden, dass man selbst erst ungute machen muss, um den richtigen Weg zu finden.
- **Abgrenzen:** Bitte bei unfreundlich vorgebrachten Aspekten um Sachlichkeit und schau, ob dann doch ein guter Austausch möglich ist. Manchmal steckt hinter Vorwürfen noch ein ganz ande-

res Thema wie z. B. alte Geschwistereifersucht, wenn dein kleiner Bruder dir erklärt, wie viel besser sein Kind kooperiert.

- **Lösen:** Wirb dafür, dass andere auf eine Art mit deinem Kind umgehen, die du als hilfreich einschätzt. Du kannst aber auch um Abstand bitten, wenn dein Eindruck ist, dass diese Person und dein Kind zurzeit einfach nicht zusammenkommen können.

KONFRONTATIONEN NACHBEARBEITEN

Bewerte das Geschehen im Nachgang, wenn für dich wichtige Menschen daran beteiligt waren. Fürs nächste Mal kannst du daraus lernen: Male dir zukünftige Situationen gut aus, überleg dir passende Worte, entwirf dir eine Mindmap dazu, damit du nichts vergisst.

Du darfst dein Gegenüber um Toleranz bitten und ruhig die Schwächen des anderen ansprechen, denn anstrengende Seiten hat jeder! Es geht nicht um ein Aufrechnen, sondern ums Bewusstmachen – nicht nur der negativen, auch der positiven Seiten aller Beteiligten.

Außerdem darfst du in einem zukünftigen Gespräch ans Herz appellieren, z. B. mit *„Ich möchte eure tolle Großeltern-Enkel-Beziehung für euch alle gerne aufrechterhalten, aber dann müsst ihr …“* Sprich ruhig Gewohnheiten, alte Glaubenssätze und Bequemlichkeit an. Formuliere klare Wünsche für dein Kind und sprich aus, wie wichtig die anderen Menschen für dein Kind sind. Diese Beziehung möchtest du fördern, nicht torpedieren.

Manchmal kann ein persönliches Gespräch sehr schwerfallen. Dann ist es legitim, mit einem Brief zu starten. Vielleicht kann dir das Briefmuster von Seite 123 Inspiration sein.

Zur Nachbearbeitung gehört auch, mit dem Kind noch mal hinzuschauen, was da los war. (Klappt etwa ab 4 Jahren.) Hierzu findest du Impulse im Kapitel „Beziehungsarbeit mit deinem Kind“.

Du darfst im Austausch mit Fremden und erst recht mit Verwandten deine Erwartungen und auch mögliche Konsequenzen klarstellen:

Sensibilisieren: Fordere Verständnis für dein Kind und eure Situation. Natürlich haben die Grenzen der anderen auch ihre Berechtigung, aber die Möglichkeit deines noch so jungen, wunderbaren wilden Kindes sollten alle im Blick haben!

Fordern: Ist etwas vorgefallen, zu dem du dir von anderen Einsicht erhoffst, formuliere dies auch so und bitte um eine Entschuldigung.

Schützen: Kann dein Gegenüber das Sticheln einfach nicht lassen, denk darüber nach, den Kontakt zu beenden. Vielleicht äußert auch sie oder er den Wunsch. Das ist immer traurig und sollte ein letzter Ausweg sein, aber manchmal können wir nicht zueinanderfinden, ohne die Kinderseele und auch unsere eigenen Kräfte über die Maßen zu strapazieren.

Pausieren und Zeit gewinnen: Vielleicht reicht eine „Beziehungspause", bis du und dein Kind etwas besser aufgestellt seid, ihr mehr üben konntet, dein Kind Zeit zum Reifen hatte, aber auch bis ihr beide einen stärkeren Rücken habt, um Kritikern zu begegnen.

Die Einschätzung von anderen kann helfen. Manchmal musst du nur darum bitten, die Kritik konstruktiv zu formulieren. Nimm die Stimmen ernst, denen das Wohlergehen des Kindes am Herzen liegt und ignoriere den Rest. Alles andere musst du nicht annehmen, vor allem Erziehungsversuche im privaten Umfeld oder „fiese Spielchen" mit Drohungen und Erpressung. Sie haben keinen Platz in familiären Beziehungen, und die grundlegende Begleitung ist ohnehin den Eltern vorbehalten! Wer keine *enge* Bezugsperson ist, sollte von euch Eltern Hilfestellung dabei bekommen, wie er seinen Umgang mit dem Kind korrigieren und dem Kind helfend begegnen kann. Das Kind muss nicht ständig „verbessert" werden.

Manchmal wird dein Gegenüber dich nicht verstehen können oder wollen, aber es ist wichtig, dass du für dich, dein Kind und deine Prinzipien einstehst.

Maike (32), Mutter von drei Kindern (1, 4, 7), über den Umgang mit ihren Eltern

„Ich muss manchmal eingreifen und klarmachen, dass ich Sätze wie ‚*Da muss man doch nicht heulen*' nicht hören will. Ich behandle meine Eltern dann möglichst so, als ob sie keine Ahnung hätten, und gehe von einem Missverständnis aus. Das klappt meistens gut. Meine Mutter verdreht manchmal die Augen oder fragt nach meinen Gründen. Wenn ich es ihr dann kurz erkläre, kommt nur ein ungläubiges ‚Aha' und dann hat sich die Sache. Sie denkt sich ihren Teil."

Selbstfürsorge

Nun weißt du, wie du an den Dingen arbeiten kannst, die dich ausbremsen, und wie du anderen gegenüber selbstbewusst auftreten kannst. Schaffen wirst du das aber nur, wenn dieses Thema nicht dein ganzes Leben bestimmt. Das wunderbare wilde Kind hat auch einen wunderbaren Elternteil mit Bedürfnissen und Plänen sowie mit endlichen Kraftreserven. Wenn die Lautheit und das Übermütige das Familienleben zu stark beeinflussen, hilft es also nicht, nur an den Akutstrategien zu arbeiten. Auch du und deine Energie seid ein wichtiger Baustein des Systems. Schau hin, ob du in den folgenden Bereichen genug für dich tust oder mehr in Angriff nehmen kannst:

Nächte

Bekommst du ausreichend Schlaf? Du musst Schlafmangel nicht unendlich „aushalten". Ändert bei Bedarf die Schlafsituation, Orte, Einschlafbegleitung oder auch eure Tagesplanung. Schlafratgeber mit beziehungsorientierter Ausrichtung oder auch eine fachliche Beratung können viel verändern.

Gesundheit

Denkst du nur an die Vorsorgeuntersuchungen und Routinezahnarzttermine deines Kindes oder hast du auch deine eigene Gesundheit im Blick? Ist der letzte hausärztliche Check-Up schon eine ganze Weile her? Dann mach einen Termin für dich. Geh die ständig wiederkehrenden Rücken-, Kopf- oder Knieschmerzen endlich an!

Ernährung

Dein Kind bekommt immer das gesunde Vollkornbrot, die liebste Apfelsorte und ein warmes Buffet aus seinen Lieblingsspeisen, während du nur isst, was dir gerade in die Finger kommt – oder was die anderen übrig gelassen haben? Ernährung ist zu wichtig, um sie zu vernachlässigen. Setze dich bewusst hin und plane Veränderungen. Informiere dich über einfache Möglichkeiten guter Ernährung. Jede jetzt investierte Minute wird dir im Nachhinein dabei helfen, im Alltag besser durchzuhalten.

Freundschaften

Hast du Zeit für deine Freundschaften oder planst du nur die Treffen deines Kindes? Auch hier lohnt sich bewusstes Planen, um weder deine Freunde noch dich selbst aus dem Blick zu verlieren. Wann kannst du dich das nächste Mal verabreden? Welche Lösungen gibt es, damit du von dem Treffen profitieren kannst und es nicht nur Organisationsstress wird? Wer kann dein Betreuungsnetz ergänzen?

Leidenschaften

Hast du noch Zeit für dein liebstes Hobby, das dich vor den Kindern glücklich gemacht hat? Wie kannst du dir Zeit schaffen? Gibt es Hobbys, die ihr gemeinsam ausüben könnt, wie zum Beispiel ein Eltern-Kind-Chor? Dort bist du nicht alleine für dein Kind verantwortlich und ihr habt zusammen Spaß. Oder gibt es ein Hobby, bei dem dein Kind betreut wird, während du Zeit für dich hast, beispielsweise auf einem Reiterhof. Und ganz allgemein: Schau auf deine Stärken und Schwächen. Was kannst du gut? Wo warst du schon erfolgreich? Was würdest du gerne können? Wo hast du Angst, mit einer Sache zu beginnen? Auch hier kann ein Mindmapping viel bringen, um dir das Gefühl für dich und deine guten Seiten zurückzubringen sowie um dir zu verdeutlichen, welche Schwerpunkte du für dich setzen solltest.

Partnerschaft

Eltern sind Bezugspersonen für ihre Kinder, aber in der Regel auch Paar. Damit das so bleibt, ist es wichtig, sich um die Paarbeziehung zu kümmern. Sprich an, was nicht gut läuft, was du dir wünschst, suche Lösungen. Hab keine Angst vor Auseinandersetzungen, denn Krisen sind gerade hier Chancen, besonders bezüglich des „Mental Loads“, also der unsichtbaren Denkarbeit rund um den Familienalltag. Neben einem besonders fordernden Kind ist die Beziehungspflege der Erwachsenen eher schwierig und erscheint manchmal unwichtig, aber das ist sie nicht. Liebe und Partnerschaft bilden die Basis für gelungene Elternschaft. Also verliert dieses To-do nicht aus den Augen! *„Wir wollen auch dann noch ein Paar sein, wenn unser Kind aus dem Haus ist“* kann der Leitsatz werden, der dich diesen Bereich nicht vergessen lässt. Gegebenenfalls kann eine Beratung hier mit wenigen Impulsen viel Stärkung geben. Der wichtigste Tipp ist meist, sich Unterstützung zu suchen: Ein Babysitter, der behutsam eingewöhnt wurde, tut allen gut. Auch wenn sie oder er die kindliche Wildheit nicht immer so gut nehmen und begleiten kann wie du, ist es okay!

Mut

Mut stärkt dein Selbstwertgefühl und ist ein wichtiger Baustein, um für dein Kind stark sein zu können. Bist du eher schüchtern, kannst du im Kleinen daran arbeiten: Sprich bewusst jemanden an, stell eine Frage, mach ein Kompliment, beanspruche deinen Platz in der Warteschlange, lass dich beim Telefonat mit der Arztpraxis nicht abwimmeln, setze dich beim Elternabend ganz vorne hin ... Wenn du zweifelst, dann mach! Kleinigkeiten können Auftrieb geben. Schon bewusst zu lächeln oder auf die eigene Körperhaltung zu achten, sind einfache Mittel, um sich selbst stärker und mutiger zu erleben.

Optimismus

Ein anderer Baustein auf dem Weg, eine erfüllte Elternschaft zu leben, ist Optimismus. Angst vor dem nächsten Ausbruch der kindlichen Wildheit hilft dir nicht weiter. Und Feststecken in Sorge, ob du richtig reagieren kannst, hemmt dich nur im Alltag. Bemühe dich bewusst, das Positive zu sehen, und sei es noch so gering, und das dem Kind auch zu zeigen – anstatt dich nur darauf zu fokussieren, Negatives loszuwerden. Kleine Stützen im Alltag, vielleicht ein Tagebuch, in dem du täglich eure Erfolge notierst, helfen dir dabei. So kannst du dich kurz besinnen, die schlechten Gefühle abschütteln und immer wieder nachlesen, um eure Beziehung auch in kraftraubenden Zeiten stark zu halten. Auch eine Sammlung aus Klebezetteln an der Kinderzimmer- oder der Esszimmerwand kann helfen, wenn ihr darauf festhaltet, was am anderen großartig ist, welche schönen Erlebnisse es gab, wann ihr sehr lachen musstet (geschrieben oder auch gemalt). Bedenke: Zuversicht ist das, was psychisch belasteten Kinder am stärksten fehlt. Also gib sie deinem Kind unbedingt mit.

Optimismus, Zuversicht und dazu deine Selbstfürsorge tun nicht nur dir gut, sondern auch deinem Kind und eurer Beziehung. Denn du übernimmst Verantwortung. Sei Vorbild: Entzerre nicht nur den Alltag für dein Kind, sondern auch für dich. Entspannt bist du die bessere Begleitperson.

ÄNGSTE ABLEGEN

Steckst du in deinen Sorgen und Bedenken fest und kannst deshalb Streitgespräche oder andere Alltagssituationen nicht angehen, versuche, dich zu erden: Was kann schlimmstenfalls passieren? Wäre das wirklich so schrecklich? Wie wahrscheinlich ist dieser „schlimmste Fall"? Jemand lacht dich aus, verdreht die Augen, meidet dich zukünftig – das ist nicht schön, aber auch nicht katastrophal. Vor allem ist dies nicht wert, dass du dich weiterhin zurücknimmst, verstellst, Probleme erträgst, anstatt sie anzugehen. Wenn dein Bauchgefühl sagt, es gibt ein Thema, das du regeln musst, tu es!

Leg dir für unangenehme Momente Strategien parat, „Erste-Hilfe-Maßnahmen", wenn du dich überrumpelt oder auch persönlich angegriffen fühlst. Zum Beispiel Sarkasmus (*„Du hast so recht und bist viel cleverer als ich."*), um dem anderen den Wind aus den Segeln zu nehmen. So kannst du in Ruhe Antworten suchen, ohne wütend zu werden, zu schreien oder zu zittern, und später einen zweiten Versuch starten. Noch besser ist, im Gespräch zu bleiben. An ein klares *„Ich sehe das anders"* schließt du deine Argumentation an. Je häufiger andere und du dich selbst so klar und stark erleben, desto sicherer wirst du werden. Das wappnet dich für die (ebenfalls anstrengende) Arbeit mit deinem Kind.

BEZIEHUNGSARBEIT MIT DEINEM KIND

Du bist stark und weißt nun, wie du an dir arbeiten kannst. Hilf jetzt deinem Kind, ebenso selbstbewusst zu werden und zu lernen. Die Basis dafür sind ein achtsames Miteinander, gelungene Kommunikation und eine funktionierende und bereichernde Beziehung.

Eine gute Verständigung in der Eltern-Kind-Beziehung umfasst folgende Aspekte:

Liebevolles Miteinander: Geh ohne feindliche Gefühle auf dein Kind zu. Sein Verhalten ist fordernd, aber es steckt keine böse Absicht dahinter. Vor allem sein Temperament ist die Ursache. Die Kommunikation rund um Konflikte ist nicht dafür da, einen Sieger zu küren, sondern um den Blick auf Lösungen zu richten. Ihr müsst miteinander da durch. Für dein Kind ist der Alltag Stress, solange ihm passende Strategien und Entwicklungsschritte fehlen. Versuche, dir das bewusst zu machen – vielleicht mit Mindmaps oder einem Erinnerungssatz.

Realistische Erwartungen: Dein Kind spürt, wie du ihm begegnest. Signalisierst du, dass du es für anstrengend hältst, also ein sehr negatives Bild von ihm hast, wird es daraus einiges übernehmen und ausleben. Deine Erwartungshaltung ist relevant: Begegnest du deinem Kind positiv, mit Liebe und Zutrauen, ist das eine nicht zu verachtende Unterstützung! (Vergiss nicht, dass dein Kind erst etwa ab dem dritten Geburtstag bewusster mit seinem herausfordernden Temperament umgehen kann.)

Echtes Interesse: Bleib neugierig und halte immer wieder inne, um hinschauen zu können, was dein Kind will, fühlt, braucht, welche Lösungsideen es selbst hat usw. Bremsen und analysieren ist immer besser als irgendwie durchzuhalten und weiterzumachen.

Begegnung auf Augenhöhe: Bleib sachlich und zugewandt, nimm nichts persönlich (auch wenn du dich verletzt fühlst) und bleib wertschätzend wann immer möglich.

Direktheit: Sei in der Kommunikation klar und lass Situationen nicht so lange laufen, bis du explodierst. Werde stattdessen früh aktiv. Wenn du in schwierigen Situationen ganz bei deinem Kind bist, dich einbringst, wirkt das deeskalierend.

Gewaltfreiheit: Befass dich mit den Grundlagen von Gewaltfreier Kommunikation. Sie hilft dir, deine Bedürfnisse und Sichtweisen zugewandt vorzutragen und deinem Kind gut zuzuhören, sodass ein sinnvoller Austausch entsteht. (Details folgen im nächsten Abschnitt.)

Geduld: Geh kleinschrittige, wirklich machbare Lösungen an. Erwarte nur Stück für Stück Zugeständnisse, Kooperation und Veränderungen. Gib euch Zeit! Und melde deinem Kind auch minimale Fortschritte bestätigend zurück.

Dein Kind wird dich sicher auch in deinen Bedürfnissen wahrnehmen, wenn du ihm so begegnest.

Kommunikation

0–2 Jahre

Für kleine Kinder ist Babyzeichensprache ein Segen. Ob mithilfe eines Kurses oder autodidaktisch, ob bereits im Babyalter oder nach dem ersten Geburtstag. Wenn du damit startest, wirst du erstaunt sein, wie schnell dein Kind erste Gesten versteht und auch anwendet. Verstanden zu werden ist eine der wichtigsten Grundlagen, um Frustmomente durchzustehen und kein unangenehmes Verhalten zu zeigen. Probiere es aus! (Besonders für mehrsprachig aufwachsende Kinder, die eher etwas später mit dem Sprechen beginnen, ist das eine große Stütze.)

ab 2 Jahre

Die sogenannte „Gewaltfreie Kommunikation" (GfK) nach Marshall B. Rosenberg und das „Aktive Zuhören" nach Thomas Gordon können dir gute Dienste leisten, wenn du beziehungsstark und vertrauensvoll mit deinem immer größer werdenden Kind sprechen möchtest. Beide Methoden sind lösungsorientiert und ermöglichten allen am Gespräch Beteiligten, gesehen zu werden. **Gelungene familiäre Konfliktbewältigung und Kommunikation sind die Basis für etliche Entwicklungsschritte eines Kindes und wirken bis ins Erwachsenenalter hinein.** Etwa ab dem Kindergartenalter gilt: reden, reden, reden!

Die wichtigsten Aspekte sind:

Verdichten: Reden heißt nicht, eine Argumentation auszufeilen, wie du sie vor Gericht vortragen würdest. Dein Kind braucht Kürze, Prägnanz, Klarheit.

Beobachten und fühlen: Bleib möglichst objektiv, indem du klar formulierst, was deine Meinung ist, aber auch, welche Gefühle mitschwingen. Gib wieder, was du verstanden hast.

Sicher sein: Wenn du so abgeklärt hast, was die echten Motive deines Kindes sind, könnt ihr viel besser zueinanderkommen. Denn Vorurteile und Unterstellungen machen viel kaputt.

Erkennen: Hilf deinem Kind immer wieder beim Perspektivwechsel. Es dauert bis ins Vorschulalter, bis dein Kind kognitiv eigenständig dazu in der Lage ist. – *„Was glaubst du, wieso mich das stört?“, „Was denkst du, warum das für Frau X schwierig ist?“*

Brauchen: Bleib ansonsten möglichst bei dir, indem du aufzeigst, was du an Veränderung nötig hast, anstatt dem Kind Vorwürfe zu machen oder ihm für etwas die Schuld zu geben. – *„Ich brauche eigentlich …“* (Das kann dir auch dabei helfen, zu erkennen, ob deine Ansprüche eventuell unrealistisch sind und die eigentliche Arbeit in dir stattfinden sollte.)

Annehmen: Halte Uneinigkeit aus. Ein wildes Kind bringt gerade beziehungsorientierte Eltern leicht dazu, eigene Grenzen zu übergehen. Doch das tut beiden Seiten nicht gut. Fühl dich ein in dein Kind, aber entscheide dann klar. Wichtig ist allein, dass du diese Klarheit zugewandt durchsetzt. – *„Ich spüre, dass du damit unglücklich bist, aber hier gibt es keine Alternative.“*

Entschuldigen: Vergiss auch das Miteinander nicht: Wenn dir etwas leidtut, sag es deinem Kind! – *„Ich möchte mich entschuldigen …“*

Wünschen: Wenn du klar herausgefunden hast, was legitime Anforderungen sein könnten, formuliere sie offen. Je nachdem als Bitte oder als Willensbekundung. – *„Könntest du bitte …?“, „Ich will definitiv …“*

Berücksichtige den Gedanken, dass Menschen Gebote besser umsetzen können als Verbote, weil sie umreißen, was zu tun ist. Frag dein Kind, welche eigenen Ideen es hat. – *„Was brauchst du denn?“, „Hast du einen Vorschlag?“*

Vermeide unbedingt Erpressungen. Wenn/Dann-Konstruktionen sollten natürliche oder persönliche Konsequenzen beinhalten, keine künstlichen. Dein Kind soll begreifen und lernen, nicht sich aus Angst verstellen. – *„Wenn du so schreist, wirst du ganz heiser und mir tut der Kopf weh.“*, aber nicht *„... darfst du drei Tage nicht fernsehen.“*

Versuche immer, körperlich in Verbindung zu bleiben, zum Beispiel durch Blicke und Berührungen sowie möglichst behutsames Sprechen. Und jede Seite sollte annehmen können, dass es plötzliche Gesprächsabbrüche gibt. Dies geschieht oft als Selbstschutzstrategie. Lösungsfindung kann einfach sehr langwierig sein. Wir müssen pausieren und erneut ins Gespräch gehen. Erkläre oder frag nach, um Missverständnisse und Vorurteile zu vermeiden. Das kann tagelang dauern.

Unausweichliche Willensbekundungen auch tatsächlich mit „Ich will“ zu formulieren, anstatt sie in schwammige Bitten zu verpacken, ist wichtig, weil unseren Kindern (oder auch anderen Gesprächspartnern) dann unsere Grenzen und Bedürfnisse ganz deutlich werden. Unerlässlich ist das vorherige Abwägen, ob kein anderer Kompromiss möglich ist. Dies sollten wir nachvollziehbar machen und unser Ergebnis authentisch begründen können.

Ein Kind wird dich damit besser annehmen können, wenn es weiß, dass du nicht leichtfertig handelst oder deine Macht ausnutzt. Wenn es großen Handlungsspielraum hat und seine Bedürfnisse gesehen werden, kooperiert es besser. Es gibt hier keinen Trick. Bindung und Beziehung einschließlich GfK dienen als Prophylaxe.

Damit erhöht sich die Wahrscheinlichkeit für Kooperationsbereitschaft; mehr aber auch nicht.

Spielen und Erleben. Kinder unter 3 Jahren, aber auch ältere, bis in die Pubertät hinein, lernen Inhalte besonders gut und intensiv im Spiel, im Tun und Erleben. Alle Themen, die du vorlebst und in Spielmomente einbaust, können zu echten Erkenntnissen werden, die das weitere Handeln der Kinder leiten. Was Kinder im Spiel erfahren, setzt sich besser in ihrem Hirn fest als deine Worte. Lösungen, die es sich so erarbeitet, kann dein Kind sich in den Alltag mitnehmen. ab 0 Jahre

Das heißt, wir Erwachsenen dürfen weder allein auf unsere Worte vertrauen (*„Ich habe es doch aber schon hundertmal gesagt!“*) noch auf unsere wörtlichen Vorgaben. (*„Das machst du besser so und nicht anders.“*) Zeige deinem Kind immer wieder, wie Herausforderungen gelöst werden, intensiviere das Thema sprachlich und hab Geduld.

Empathie und Reife. Etwa ab dem Grundschulalter sind Kinder meist sozial verträglicher in der Kommunikation und in ihrem Handeln. Sie sind imstande, nicht nur die Emotionen in ihrem Umfeld zu fühlen, sondern auch bewusst zu überlegen, was ein bestimmtes Verhalten mit ihrem Gegenüber macht. ab 6 Jahre

Wie kommst du mit deinem Kind ins Gespräch?

Bei kleineren Kindern sind (Bindungs-)Spiele ein guter Einstieg: Spielen ist ein Mittel, um die Welt zu erfahren und Eindrücke zu sortieren. Entwerft ihr zusammen Spielwelten, die ein aktuelles Thema aufgreifen, wird deinem Kind die Auseinandersetzung damit leichter fallen und es entwickelt spielerisch eigene Ideen. Bis hinein ins Grundschulalter ist das eine bewährte Strategie, um miteinander in den Austausch zu kommen. Bei Kindern ab etwa 5 Jahren kannst du auch den Trick nutzen, zunächst von dir zu erzählen, wenn du ein bestimmtes Thema besprechen möchtest. Wann bist du wütend? Wie gehst du mit Frust im Job um? Wie war das bei dir, als du 5 Jahre alt warst? Dein Kind wird neugierig aufs Thema und öffnet sich wahrscheinlich eher für seine Herausforderungen. 0–6 Jahre ab ca. 4/5 Jahre

Je älter und kognitiv reifer dein Kind ist, desto eher kannst du direkt mit ihm reden. Gelungener Dialog braucht dann ...

- eine Ausgangssituation, in der keiner müde, genervt, hungrig oder unter Zeitdruck ist.
- einen Start, bei dem du von dir erzählst. Öffne dich, zeige dich verletzlich und hoffe darauf, dass dein Kind einhakt und ihr auf das Thema zu sprechen kommt, das einem von euch unter den Nägeln brennt.
- dein Zuhören, Nachfragen, Interesse, damit dein Kind sich gesehen fühlt.
- vielleicht auch eine schriftliche Planung, damit du dich sicherer fühlst, und schon im Vorfeld abwägen kannst, welche Argumente wichtig sind oder wo du zu viel erwartest.

Natürlich lässt uns intensiver Austausch rasch emotional werden. Das ist schon zwischen Erwachsenen so, aber erst recht bei Kindern, die oft ungefilterter Kontra geben. Damit du nicht zu sehr in Wut abrutschst, können folgende Aspekte helfen:

- Bearbeite unbedingt deine Glaubenssätze und Triggerpunkte, wie in den Kapiteln zur Selbststärkung beschrieben. Und hab Nachsicht mit dir, wenn dennoch etwas durchbricht.
- Pausiere nach außen hin das Gespräch und führe einen Monolog im Kopf mit Rede und Gegenrede, bis du wieder an einem Punkt bist, an dem du zugewandter mit deinem Kind sprechen kannst.
- Versuche, nicht dein Kind wegzuschicken, sondern lieber dich selbst abzugrenzen, indem du beispielsweise den Ort verlässt, die Augen schließt oder dir Ohrenstöpsel gönnst. Wichtig ist, dass du deinem Kind dazu eine Erklärung gibst, also so zugewandt wie nur irgendwie möglich bleibst.

Lass deine Wut, die eigentlich vor allem innere Anspannung ist, mit Hilfsmitteln heraus, die legitim und sozial verträglich sind. Denn was für dein Kind gilt, gilt auch für dich. Ausnahmsweise kann das auch Schreien sein. Dies sollte aber nicht zur Regel werden. Denn wenn du laut und von oben herab mit deinem Kind sprichst, wirkt das alles andere als zugewandt. Es fehlt dabei das „Angebot" fürs Kind, sich wieder mit dir zu verbinden und zusammen langsam runterzukommen. Besser ist es, die Anspannung durch Bewegung loszuwerden. Dafür brauchst du nicht das häufig angepriesene Sofakissen zum Hineinhauen, denn das liegt in der Regel viel zu weit weg. Sinnvoller ist es, an Ort und Stelle zu stampfen oder zu springen, auf den Boden oder an die Wand zu hauen oder sogar einfach in deinen Ärmel zu beißen. Wenn du ein derartig emotionaler Mensch bist, dann ist das auch im Erwachsenenalter noch eine sinnvolle Strategie.

Was ist, wenn du selbst nicht weiter weißt?

Das wird immer wieder passieren: Dein Kind ist unsicher, aber du auch. Du hast nicht sofort eine gute Idee zur Lösung einer Situation und kannst deine Bedenken nicht gleich passend formulieren. Was dann? Das Kind braucht dich doch als klare Leitfigur?!

Diese Sicherheit kannst du ihm auch dann geben, indem du authentisch zugibst, dass du nicht allwissend bist und gerade feststeckst. Aber ergänzt, dass du dich um eine Lösung bemühst. Das reicht. Natürlich wird es Ungewissheit oder auch kurzzeitige Abgrenzung nicht immer akzeptieren (können) – aber manchmal, und das ist schon eine Hilfe. Wenn dein Kind erfährt, dass du nicht allwissend bist und nach Pausen stets wieder zugänglicher wirst, nimmt es diese Strategie wahrscheinlich mittelfristig an.

Konzentration und Geduld

Dein kleines Kind kann es nicht aushalten, wenn andere sprechen, und grätscht immer dazwischen? Das ist bei fast allen Kindern so, denn die nötige Geduld aufzubringen, ist eng verknüpft mit Selbst- und Impulskontrolle. Die entwickelt sich etwa zwischen dem dritten Geburtstag und dem Einschulungsalter und ist bei einem forschen Kind natürlich eine besondere Baustelle.

DAS ENDE DER SELBSTKONTROLLE

Selbst wenn ein Kind sich immer besser regulieren kann, ist die Kraft dafür jeden Tag aufs Neue aufgebraucht. Die ganz Kleinen fangen dann an zu hauen oder zu zappeln, sie laufen weg, werden frech, ignorieren uns oder machen grinsend weiter Unsinn.

Bitte nimm das nicht persönlich, denn das ist immer der erste Schritt in eine Eskalation. Auch wenn eine weitere Person in dem Moment meint, so etwas dürfe man nicht durchgehen lassen, bleib in Beziehung zum Kind: Es kann nicht mehr kooperieren oder sich zurückhalten. Eine rausgestreckte Zunge, ein beleidigendes Wort oder ein anscheinend gehässiges Lächeln sind Warnsignale. Andererseits sucht dein Kind gerade mit dem Grinsen Kontakt, Nähe, Rückversicherung: „Ich bin durch! Liebst du mich trotzdem noch?“

ab 3 Jahre

Fällt dein Kind auch im Kindergarten- und Vorschulalter noch ständig jedem ins Wort, ist auch das die Regel – es übt noch. Aber das stört vermutlich immer öfter andere Menschen (und vielleicht auch dich). Geduld kannst du mit deinem Kind üben, du solltest nur keine Bestleistungen erwarten. Dieser Prozess dauert!

Was kannst du tun?

0–2 Jahre

- Dein Kleinkind kannst du behutsam regulieren, indem du dich zu ihm hockst oder es auf den Arm nimmst, wenn es sich nicht bremsen kann. Zeige ihm, dass du seinen Mitteilungsdrang wahrnimmst, und vermittle ihm immer wieder liebevoll, dass es gesehen wird, aber gerade nicht dran ist. *„Erst dies, dann du!"*

- Dein Kindergarten- und Vorschulkind kannst du noch kognitiver ansprechen: Üb mit ihm, dass eine Aussage und ein Zeichen von dir bedeuten *„Einen Moment. Ich sehe, dass du etwas sagen willst. Gleich bist du dran!"* Dafür kannst du es am Arm berühren oder auch eine lustige Bewegung am Mund einüben, die die Worte unterbricht. (Rechne damit, dass dein Kind dir häufig das Gleiche signalisieren wird, wenn du sprechen möchtest!) ab 3 Jahre
- Für die Wartezeit kannst du mit deinem Kind ausprobieren, wie es sich ablenken könnte: Mach es aktiv statt nur geduldig. Kann es etwas in der Umgebung zählen? Kann es ein Kinderlied im Kopf singen? Kann es seine Finger nacheinander auf- und zuklappen? Kann es mit den Füßen im Wechsel auf den Boden tapsen oder anders mäßig aktiv werden? Mag es schon eine Kinderarmbanduhr tragen und kann dem Sekundenzeiger bei einer Runde zuschauen? Kann es sich vorstellen, ein Tier zu sein und dessen Verhalten nachzuahmen, bis es dran ist: der Flamingo auf einem Bein, das neugierige Erdmännchen, die Schildkröte, die den Hals einzieht?

Sobald dein Kind locker mit jemandem ins Gespräch kommt, liegt die Herausforderung für dich oft darin, dass es alles von zu Hause erzählt. Manchmal ist das nur unangenehm oder peinlich für dich, manchmal sicher auch für Zuhörende. Hier ist ebenfalls Geduld von dir gefragt; und es ist deine Aufgabe, dein Kind wieder und wieder zu sensibilisieren: Was erzählen wir nur zu Hause? Warum?

Vermeide es, deinem Kind in der akuten Situation über den Mund zu fahren. Mach einen Spaß draus und bremse es spielerisch aus: *„Psssst, da drüben hinter dem Busch hört bestimmt ein Detektiv zu!"* oder *„Ha, ich hab das Wort aus deinem Mund schnell in meiner Faust gefangen. Das darf doch nur in mein Ohr!"*

ab 6 Jahre

Richtig verstehen, warum wir bestimmte Dinge nur im Privaten besprechen, kann dein Kind erst ab dem Einschulungsalter beziehungsweise zum Beginn der Pubertät. Denn erst dann entwickelt es die Fähigkeit, das Geschehen mit den Augen eines anderen sehen zu können. Versuche so lange, die kindlichen Plaudereien mit Humor zu nehmen. Und verrate ihm nicht deine Kreditkarten-PIN!

IMPULSKONTROLLE UND FOKUS

Ein wichtiger Aspekt der Beziehungsarbeit ist, deinem Kind bei seiner Impulskontrolle zu helfen. Die Neurowissenschaftlerin Dr. Daniela Galashan empfiehlt dazu die Nutzung des sogenannten „Batmaneffekts".

Der Einsatz des „Batmaneffekts" hilft Kindern, sich zu regulieren und besser sowie frustfrei abwarten zu können. Was steckt dahinter?

Der Name des Effekts geht zurück auf eine Reihe von Experimenten (z.B. von White/Carlson 2016), bei denen die Kinder eine langweilige Aufgabe möglichst ausdauernd ausführen sollten.

1. Das eine Kind soll sich dabei: *„Ich strenge mich an!"* vorsagen.
2. Das zweite Kind soll zu sich selbst *„Ben strengt sich an!"* sagen.
3. Ein drittes Kind bekommt einen Batman-Umhang und soll sich *„Batman strengt sich an!"* vorsagen.

Was glauben Sie? Halten alle gleich lang durch? Nein! Denn der sogenannte „Batman-Effekt" beschreibt die positiven Auswirkungen, wenn Kinder sich vorstellen, sie wären zum Beispiel Batman oder Rapunzel.

In Experimenten zeigte sich, dass vier- bis sechsjährige Kinder weniger Fehler machen und kontrollierter handeln können, wenn sie sich vorstellten, sie seien ihr Held oder ihre Heldin. Ihre Leistung war dann sogar vergleichbar mit der von Kindern, die ein ganzes Jahr älter waren, aber die Aufgabe ohne Batman-Effekt durchführten.
Wenn sie sich selbst mit ihrem Namen ansprachen statt mit „ich", war ihre Leistung auch etwas besser, aber nicht so gut wie als Superheldin. In beiden Fällen betrachten sie sich eher von außen, so wie andere sie sehen, und distanzieren sich gedanklich etwas von sich selbst. Die eigenen unangenehmen Gefühle treten immer mehr in den Hintergrund, je weniger wir uns auf uns selbst fokussieren. Da sich die meisten Kinder mit drei Jahren gedanklich noch nicht in andere hineinversetzen können, fand sich dieser Effekt nur bei den Dreijährigen, die dazu schon in der Lage waren.

Wie nutze ich den Batman-Effekt?
Lass dein Kind bei unliebsamen Aufgaben (oder wenn es sich mal gedulden muss) eine geliebte Figur aussuchen und sich vorstellen, dass es die Zeit über wie diese Figur handelt. Dabei am besten das Gewünschte positiv formulieren: „*Superman wartet geduldig.*" Am effektivsten ist es, wenn das Kind es laut ausspricht. Bitte nicht vergessen, die geduldige Leistung danach auch anzuerkennen. Mögliche Situationen dafür: bei Wartezeiten, während Erwachsene sich unterhalten ... Noch eine gute Nachricht: Bei der Durchführung einer frustrierenden Aufgabe profitierten besonders die Kinder von dieser gedanklichen Distanzierung, die eher weniger kognitive Kontrolle und Selbstregulation aufwiesen. Gerade solchen Kindern hilft diese Technik also besonders gut und kann sie dabei unterstützen, eine bessere Impulskontrolle und Gefühlsregulation zu entwickeln.

Liebe und Verbundenheit

Du hast ein wunderbares wildes Kind mit ganz vielen anderen spannenden Eigenschaften. Auch wenn es für dich, für sich und für andere eine Herausforderung in der Begleitung und Entwicklung darstellt und dich dieser Prozess (auch das Arbeiten an dir) extra viel Kraft kostet, sollte das eure Verbindung nicht grundlegend beeinflussen.

Spürst du, dass deine Gefühle für dein Kind gehemmt werden, dass du anfängst zu zwingen, zu erpressen oder aber durch Distanz zu bestrafen, nimm diese Zeichen ernst. Du kannst versuchen, allein an deinem Blick auf dein Kind und an eurer Beziehung zu arbeiten, solltest dir aber unbedingt Unterstützung holen, wenn du so nicht weiterkommst. Denn das tut weder eurem Miteinander gut noch dem Selbstwertgefühl deines Kindes. Ist Letzteres nachhaltig beschädigt, ist es extrem schwer, daran etwas zu verändern.

ROSAWATTEWOLKEN-SITUATIONEN

Ich habe mit einigen Eltern in der Beratung die Methode der „Rosawattewolken-Situationen" entwickelt. Sie sollen dabei helfen, dass du in Stresssituationen …

- mit deinem Kind einen starken Rücken spürst,
- das zusätzlich Druck machende Umfeld ausblenden kannst, um nur das Kind sehen zu können,
- dein Kind besser wahrnimmst und mehr Nähe zu ihm spürst sowie auch ausstrahlst.

Beispielsweise kannst du bewusst mit dem Kind lachen, singen, tanzen, egal wo ihr seid. Lebe Fantasie und spinne seine Geschichten weiter, egal wie verrückt sie sind und welche merkwürdigen Blicke die Umstehenden dir zuwerfen. Beantworte alle Fragen deines Kindes, auch im Supermarkt, zwischen neugierigen Ohren, ohne rot zu werden und ohne dem Kind zu sagen: *„Das ist noch kein Thema für dich!"* oder: *„Das besprechen wir hier nicht!"*

Geh auf rosafarbenen Wattewolken. Werde selbst wieder Kind, vergiss Begriffe wie „peinlich" und Sätze wie „*Das gehört sich nicht*". Brich komplizierte Themen auf den Erfahrungshorizont des Kindes herunter und suche mit ihm eine Antwort. Auch wenn du dabei ins Stocken gerätst und nicht druckreif wie im Sachbuch erklärst – das ist niemals peinlich! Auch wenn du beim Tänzeln Kopfschütteln erntest und auf der anderen Straßenseite Herr XY vorbeigeht – du bist niemals schwach in diesen Momenten. Genieße die Unbeschwertheit. Das gibt dir Mut für die wirklich ekligen Momente und schenkt dir und deinem Kind echte Verbindung.

Ist dein Eindruck, dass eure Bindung nachhaltig erschüttert ist, du unsagbar überfordert bist, weil das anstrengende Verhalten deines Kindes unverändert anhält, und große Ängste in dir wachsen? Suche dir Hilfe, zum Beispiel über Bindungsbasierte Beratung und Therapie (BBT nach Karl-Heinz-Brisch). Extra ausgebildete Fachpersonen können eine Bindungsdiagnostik vornehmen, und erkennen, ob grundlegend an eurer Eltern-Kind-Bindung und auch an deinem Verhalten gearbeitet werden muss. Sie werden dich weiterverweisen, wenn sie den Eindruck haben, eine andere Stelle (von Erziehungsberatung über Ergotherapie bis Kinderpsychologie) könne euch passendere Hilfe geben.

Selbstliebe

Einschätzen, was für eine Art von Wildheit dein Kind zeigt, dich gut aufstellen, sinnvoll mit deinem Kind reden – die bisher betrachteten Aspekte sind alle wichtig. Aber die Grundlage, auf der das mit deinem Kind zusammen geschehen kann, sollte ein gesundes Selbstbewusstsein deines Kindes sein.

Selbstbewusst?? So laut, wie es ständig in die Welt trampelt, scheint dir hier gar kein Nachholbedarf zu bestehen? Das kann sein, muss aber nicht. Landläufig werden „selbstbewusst“ und „draufgängerisch“ gerne gleichgesetzt. Doch auch leise Menschen können selbstbewusst sein, denn dies meint nur, dass jemand klar weiß, was er braucht und danach handeln kann – wodurch Selbstliebe und innerer Frieden wachsen.

Erfährt dein Kind aufgrund seiner wilden Art kontinuierlich Dämpfer, kann es in ihm ganz schön düster aussehen, und das harsche Auftreten ist nur noch Strategie, um dies zu übertönen: *„Ich fühle mich klein, ich mache auf hart! (Dann kann mich nichts mehr verletzen.)“*. Das ist kein gesundes Selbstbewusstsein.

ab 3 Jahre

In diesem Fall braucht dein Kind Unterstützung. Da diese allen Kindern guttut, ist es irrelevant, ob wirklich eine Selbstwertproblematik vorliegt. Jedes Kind profitiert von folgenden Punkten:

Soziales Netz – Binde dein Kind in ein gutes Beziehungsnetz ein: Mehrere Bezugspersonen, die unterschiedlich, aber immer wertschätzend mit deinem Kind umgehen, geben Kraft und Stabilität.

Leidenschaften – Weitet die Tätigkeiten aus (oder findet neue!), in denen das Kind sicher und gut ist: Verschiedene Beschäftigungen, die seinen Neigungen entsprechen und es spüren lassen, dass es gebraucht wird und erfolgreich sein kann, schenken Sicherheit, das Gefühl von Anerkennung und Lebenslust.

Relevanz – Ermögliche Situationen, in denen du Verantwortung abgeben kannst und dein Kind dein Zutrauen spürt: Lasse es mitentscheiden und schenke ihm Handlungsspielräume. Schau, wo du deinem Kind erste kleine Pflichten übergeben kannst: kurze Wege allein gehen, Einkaufsentscheidungen mittreffen, Tagespläne mitbestimmen, Regeln gemeinsam finden, Aufgaben im Haushalt oder anderswo übernehmen, kleine Projekte planen lassen, etwas selbst bauen/anpflanzen usw. Dein Kind sollte spüren, dass es wichtig ist und etwas schaffen kann, auch wenn ihm andere Dinge eben nicht so leichtfallen! Es sollte sich wertgeschätzt fühlen und stolz auf etwas sein dürfen.

Optimismus – Einen positiven Blick auf die Welt kannst du deinem Kind mitgeben, indem du ihm bewusst schöne Blicke auf die Welt zeigst: Meckernde Menschen musst du nicht vorm Kind beschimpfen, sondern kannst sachlich erklären, dass die Person seine wilde Art einfach falsch einschätzt; misslungene Momente kannst du neutral bewerten; und nur an Regentagen kann man durch Pfützen hüpfen. Dein Kind lernt dabei Begrifflichkeiten kennen, die seinen Alltag positiv beschreiben. Sprache ist mächtig.

Liebe – Simple kleine Gesten, Berührungen, gemeinsames Lachen und etwas extra investierte Zeit reichen schon aus, um Verbindung und Sicherheit zu schaffen. Wie gut tut es, sich mit allem, was man mitbringt, geliebt zu fühlen – auch mit den schwierigen Seiten? Diese Erfahrung sollte dein wunderbares wildes Kind immer wieder machen. Dann kann es sich trotz seines Temperaments gut entwickeln und immer zuversichtlicher ins Leben gehen.

Auf der anderen Seite muss dein Kind lernen, seine Persönlichkeit so auszuleben, dass es andere nicht überrumpelt. Denn das Impulsive übersieht schnell fremde Grenzen. Dies wird ein langwieriges Thema für dein Kind bleiben, denn um hier empathisch vorzugehen, muss es geistig dazu imstande sein, die Perspektive seines Gegenübers einzunehmen. Sinnvoll ist es, immer wieder aufzuzeigen, was ein Handeln im Gegenüber auslöst. Je weiter dein Kind kognitiv reift, desto besser wird es dies verstehen und auch beherzigen können.

Argumente gegen Strafen und Druck

Druck und Härte, meist noch verpackt in kühles, strafendes Elternverhalten, helfen deinem Kind nicht – auch wenn viele das anders sehen. Genauso schlecht wäre ein Verhalten, das dem Kind alles erlaubt und keinerlei Grenzen aufzeigt. Das hat sich schon beim Betrachten der verschiedenen Erziehungsstile gezeigt. **Richtig ist der Mittelweg: klar, aber zugewandt; Grenzen erklärend, aber Gefühle beachtend. Damit dein Kind nicht vergisst, dass es sicher geliebt wird.**

Zeigt dein Kind ein anstrengendes Verhalten, das andere mit Strafen belegen oder mit Schimpfen und Abwendung beantworten, sei sicher, dass stattdessen positive Zuwendung richtig ist. Du belohnst dein Kind damit nicht für Unwillen oder Frechheiten, wie gerne geunkt wird. **Ständiges Schimpfen hemmt das Gehirn beim Lernen und macht Selbstvertrauen kaputt. Dadurch könnte sich unerwünschtes Verhalten verstärken.**

Du aber wendest dich deinem Kind zu, schenkst ihm Beziehung. In den allermeisten Fällen war sein Verhalten nicht bewusst gewählt, sondern einfach seinem Wesen geschuldet oder auch eine unbeholfene Reaktion auf seinen Alltag. Doch selbst wenn es Absicht war, ist Strafen kontraproduktiv. Je besser du dein Kind siehst, desto eher kann es sich so sozial zeigen, wie es in ihm angelegt ist. Der Egozentrismus, mit dem ein Kind zur Welt kommt, steht neben seinem Bedürfnis, sozial zu interagieren, und wird bei gesunder Entwicklung immer geringer. Das Soziale, andere Menschen und die Bindungen an sie sind lebensnotwendig. Das ist in deinem Kind von Anfang an da und geht nur verloren, wenn sein Umfeld die soziale Beziehung immer wieder verwehrt. Aufmerksamkeit durch ehrliche Zuwendung hat in Bezug auf Kinder zu Unrecht einen schlechten Ruf.

Geh also in dem Moment auf dein Kind zu, spür die Gründe für sein forderndes Verhalten auf und frag je nach Alter bei ihm selbst nach, wie der Moment gut gelöst werden könnte. Setze den Fokus auf Verstehen und darauf, Missglücktes wieder in Ordnung zu bringen.

Bleib auch dann zugewandt, wenn dein Kind provoziert, eiskalt wirkt oder die Situation ins Lächerliche zieht. Absicht ist nicht gleichzusetzen mit Bösartigkeit, sondern entsteht auch aus einem Gefühl der Not heraus. Dann zugewandt zu bleiben, ist nicht leicht, aber immer richtig. Denn ein Kind, das in guter Beziehung aufwächst, spürt sich, sein Gegenüber und auch seine „Fehler", kann diese nur nicht immer zugeben. Die dafür nötige Größe, Sicherheit und Reife bringen nicht einmal alle Erwachsenen mit.

Wenn sich das schwierige Verhalten (das andere bestrafen würden) ständig zeigt, fühlt sich dein Kind womöglich grundlegend zu wenig gesehen. Dann musst du im ganzen Familiensystem (oder darüber hinaus) prüfen, wo es hakt – anstatt das vom Kind gezeigte Symptom zu bestrafen.

Denn Strafen und Druck ...

- beschädigen den Selbstwert deines Kindes.
- verhindern eine gute Atmosphäre, um neue Strategien im Umgang mit der Wildheit zu erlernen.
- führen dazu, dass dein Kind ungute Strategien auslebt und ggf. sogar Aggressionen, Tics oder Zwangshandlungen ausbildet.
- zerrütten eure Beziehung und das Vertrauen, das dein Kind in dich hat, weil du deine Position ausnutzt.
- verhindern, dass dein Kind versteht, was die Problematik ist. Denn es werden nur Symptome beachtet und weggedrückt, während in deinem Kind die Wut wächst.

Manchmal überrascht ein Kind uns und fordert selbst eine Strafe ein. Dann hat es dieses Konzept irgendwo kennengelernt und nutzt es für sich in einem Moment, indem ihm die Strafe leichter erscheint als die Bearbeitung oder Wiedergutmachung. Das ist eine clevere Strategie, aber ganz sicher nicht der richtige Weg. Fall nicht darauf rein.

Strafen verändern Verhalten, aber nicht Verständnis. Gute Beziehungen kommen ohne Strafen aus. Versuche es!

Spricht sich jemand dir gegenüber für Strafen aus, stell diese Fragen: „Möchtest du, dass das Kind sein Verhalten ändert, weil es Angst vor unangenehmen Folgen hat? Oder möchtest du, dass es sein Verhalten ändert, weil es versteht, warum sein Tun andere beeinträchtigt?“

Euer Rüstzeug

Um mit den eigenen Gefühlen kompetent umgehen zu können, brauchen alle Kinder Training und Strategien. Die wilden Kinder benötigen in der Regel extra viel elterliche Hilfe und mehr Zeit als andere. Du kannst grundlegend dazu beitragen, dein Kind auf diesem Weg sinnvoll zu unterstützen. Sprecht über Gefühle in jeder möglichen Situation und überlegt immer wieder, wie sie anders herausgelassen werden können, wenn es mal wieder schwierig gelaufen ist.

ALLE GEFÜHLE ZULASSEN

Anders als in unserer eigenen Kindheit ist es heute unbestritten, wie wichtig es ist, unserem Kind zu signalisieren, dass alle Emotionen okay sind und rausmüssen. Vor 30, 40 Jahren bemühte man sich noch, negative Gefühle unbedingt zu unterdrücken und positive unauffällig auszuleben. Viele Menschen orientieren sich immer noch daran, doch die moderne Pädagogik gibt ihnen klar Unrecht: Emotionen zu deckeln ist ungesund! **Wichtig ist, Strategien zu erlernen, um Freude, Begeisterung, Liebe, Wut, Frust, Enttäuschung oder Trauer rauszulassen.** Sperr dein Kind für Gefühle nicht aus, ignorier es nicht und ergreife keine Maßnahmen, die es strafen und ängstigen würden!

Dein Ziel sollte niemals sein, Schmerz wegzureden oder einen Wutanfall schnell zu beenden. Tröste dein Kind stattdessen und begleite es durch die Wut, wie lange sie auch dauern mag. Deine Aufgabe ist, gelassen zu bleiben, aufzupassen, dass niemandem etwas passiert und über die Jahre dabei zu helfen, Strategien zu finden, um Energie loszuwerden. Schreien, hopsen, klatschen, Arme schwingen, auf Kauschmuck beißen, in einen Gegenstand drücken – es gibt viele Möglichkeiten. Schaut, was zu euch passt.

Abbau von Anspannung

Ein Kind, das Anspannung durch Freude oder Wut, Müdigkeit oder Begeisterung auf eine Art herauslässt, die uns oder anderen unangenehm ist, zeigt in der Regel ein oder mehrere Muster: Es agiert oral (beißt, kaut, schreit, spuckt), manuell (kneift, haut sich selbst oder andere, wirft etwas) oder ganzkörperlich (springt, windet sich, wirft sich hin). Prinzipiell ist das toll, denn es hat einen Weg für sich gefunden, Anspannung loszuwerden, und hat den Eindruck, dass es okay ist, seine Gefühle zu zeigen. Was davon sozial nicht in Ordnung ist, muss es von dir lernen. Schau hin, welche Art der Spannungsabfuhr es bevorzugt, und suche Alternativen, die du ihm nahebringen kannst:

Mund

- **Therapeutischer Schmuck/Kauschmuck**: Er ist am Handgelenk immer dabei, kann gebissen, gekaut und gelutscht werden. Inspiriert hiervon lassen sich vielleicht neue Rituale für den Alltag finden (drücken, kauen, ziehen), die bestimmte Situationen entschärfen. Vor allem kann das Kind in die Auswahl einbezogen werden – es gibt wirklich coole Modelle. Du oder Geschwisterkinder können selbst so ein Schmuckstück tragen, damit das wilde Kind sich weniger „besonders" fühlt – und damit du immer ein Mittel hast, um die Situation einzufangen.
- **Schreien**: Eigentlich eine kluge Art deines Kindes, wenn sie nicht so wehtäte in deinen Ohren. Üb mit ihm, in die Armbeuge zu schreien oder auch in die Handinnenfläche. Das dämpft, aber dein Kind behält seine Strategie bei.
- ab 5 Jahre: Ist es schon im Vorschulalter, versuche mit ihm gemeinsam, vom Schreien wegzukommen, hin zum **Zählen, Singen oder auch Pusten**. Sprich das im Vorfeld an, mach es im Akutfall vor.

Hand

- **Kauschmuck** zum Kneten und Kneifen.
- **Mitnehm-Kuscheltier**: Befestige es am Gürtel oder verstecke es in der Hosentasche, so ist es immer griffbereit. Spannende Materialien wie Knisterfolie oder Frottee geben sogar eine Art haptische Antwort. Vielleicht findet ihr jemanden, der ein Kuscheltier genau nach euren Bedürfnissen gestaltet.
- Auch Gegenstände aus der Handtherapie/Orthopädie sind für viele Kinder eine gute Möglichkeit, zu starke Emotionen sozialverträglich rauszulassen. Vielleicht findet dein Kind einen **Handtrainer**, der in seiner Hosentasche immer dabei sein kann und ihm zusagt.
- Ein mit Gummiband an der Hose angebrachter **Flummi** kann zum Werfen verwendet werden.

Körper

- Mit Blick auf den ganzen Körper ist zu Hause ein **Minitrampolin oder Hüpfpolster** hilfreich. Auch ein **Bällebad** oder eine enge **Tuchschaukel** können Orte sein, in die man sich hineinwerfen und an denen man sich einfach gut spüren kann – fast wie eine feste Umarmung, zumindest wie eine Berührung.
- Damit kannst du für euch Rituale schaffen. Ein Handzeichen erinnert beispielsweise an die „Stummer-Affe-Zeit“, in der die Emotionen durch Bewegung statt durch Äußerungen herausgelassen werden.
- Noch schneller umzusetzen sind bestimmte **Bewegungsabläufe**, die ohne Hilfsmittel auskommen: springen, stampfen, gegen die Wand hauen, eure Hände oder Rücken aneinanderdrücken.
- Und überall möglich sind auch **Grimassen,** gegebenenfalls mit bestimmten Gesten verbunden. Nicht nur dein Kind kann dort Energie ablassen. Trau dich und mach mit.

Hab keine Sorge, dass dein Kind dann auf ewig solche Hilfsmittel brauchen wird. Wenn seine kognitiven Fähigkeiten fortschreiten und es sich immer besser selbst beruhigen kann, wird es andere, gegenstandslose Wege finden, sich auszudrücken.

Alle Strategien kann dein Kind in vielen Situationen nutzen, auch auf dem Spielplatz, in der Betreuung, beim Spielbesuch bei anderen. Damit es sie abrufen kann, braucht es Zeit zum Üben. Du kannst es unterstützen, indem du nicht nur darüber sprichst, sondern mit-/vormachst und vielleicht auch, indem ihr eine gemeinsame Geste entwickelt, die das Wechseln in die gute Strategie einläutet: Eine erhobene Stopphand oder auch eine lustige Fingerbewegung können euer Zeichen werden – ein „Erinnermich“.

WUTKERZEN AUSPUSTEN

Eine weitere Möglichkeit, besonders die Emotion „Wut" auszuleben, ist eine spielerische Idee der Mutter und Lehrerin Ulla Hittmeyer.

Sie üben mit Ihren eigenen Kindern und Ihren Schülerinnen und Schülern als Weg zum Spannungsabbau das Auspusten von Wutkerzen. Wie funktioniert das genau und wie bringen Sie das den Kindern nahe, damit sie es im emotionalen Overload auch anwenden können?

Unsere große Tochter ist gefühlsstark. Da ist die Wut ein täglicher Gast bei uns. So suchten wir nach einem Weg, wie sie es auch allein schaffen kann, sich zu regulieren. Atmen wurde überall geraten. Fand unsere Tochter aber ziemlich doof. Also haben wir angefangen, „Wutkerzen" auszupusten. Dafür halten wir die Finger einer Hand hoch und pusten einen Finger nach dem anderen an, als würden wir Kerzen ausblasen. Wir Eltern haben es vorgemacht, wenn wir wütend waren und schon bald haben beide Kinder es auch angewendet oder uns aufgefordert, Wutkerzen zu pusten, wenn sie gespürt haben, dass wir wütend werden. Angefangen haben wir damit, um unserer großen, gefühlsstarken Tochter etwas an die Hand zu geben. Doch auch für unsere kleine Tochter waren die Wutkerzen mit 3,5 Jahren schnell etwas ganz Selbstverständliches.

In einem ruhigen Moment habe ich den Kindern erklärt, dass es die grüne, die gelbe und die rote Zone gibt. Bei Grün geht es uns gut, wir atmen ruhig. Bei Gelb werden die Atmung und der Herzschlag schneller, wir runzeln die Stirn, spannen die Muskeln an. Bei Rot können wir nicht mehr zuhören, nicht mehr denken, sondern nur noch kämpfen oder flüchten. Die Kunst ist es, nun selbst zu spüren, wann die gelbe Zone kommt und zum Beispiel durch die Wutkerzen dafür zu sorgen, dass die Atmung und der Herzschlag sich wieder beruhigen und somit selbst aktiv zu verhindern, dass man in die rote Zone kommt. Wir haben die Kinder eine Zeit lang darauf hingewiesen, wenn wir Anzeichen für die gelbe Zone bei ihnen gesehen haben und angeboten, zusammen die Wutkerzen auszublasen.

Nach dem ersten schlimmen Streit in der Klasse, die ich dieses Jahr unterrichte, habe ich den Schülern von unseren Wutkerzen erzählt. Auch die grüne, gelbe und rote Zone habe ich ihnen erklärt. Keine zehn Minuten später saß ein Schüler da und hat seine Finger angepustet! Eine Woche später kamen zwei Schüler zu mir, um zu berichten, dass sie auch zu Hause erfolgreich Wutkerzen gepustet haben.

Auch uns Großen kann so eine Art der Atempause helfen, wenn die Wut hochkommt. Probiere es mal aus!

Der Gefühlsanzeiger

ab 4 Jahre

Wenn dein Kind prinzipiell den Wunsch hat, im Umgang mit seinen Gefühlen etwas zu verändern, hinsichtlich Wut und Frust oder auch hinsichtlich Entspannung und Konzentration, kannst du seine Motivation nutzen und einen Gefühlsanzeiger erarbeiten. Dieser soll dazu beitragen, dass dein Kind seinen Gemütszustand besser wahrnehmen und willentlich beeinflussen kann, und funktioniert ab etwa 4 Jahren.

Hierfür bastelt ihr ein halbes Ziffernblatt mit beweglichem Zeiger (entsprechend der oberen Hälfte einer Uhr), das in drei farbige Abschnitte eingeteilt wird:

- Das linke Drittel steht für die Ruhe, gepaart mit mangelnder Konzentration, aber auch Entspannung ( ).
- Die Mitte symbolisiert Aktivsein, Konzentration, Freude ( ).
- Und rechts findet sich Übermut, extreme Anspannung, Druck, Wut, auch Kontrollverlust ( ).

(Die Farben lassen sich auch anders wählen. Gerade weil eine Ampel-Version oft in der Schule Verwendung findet, wäre grün-gelb-rot keine gute Wahl, denn um eine Beurteilung geht es nicht.)

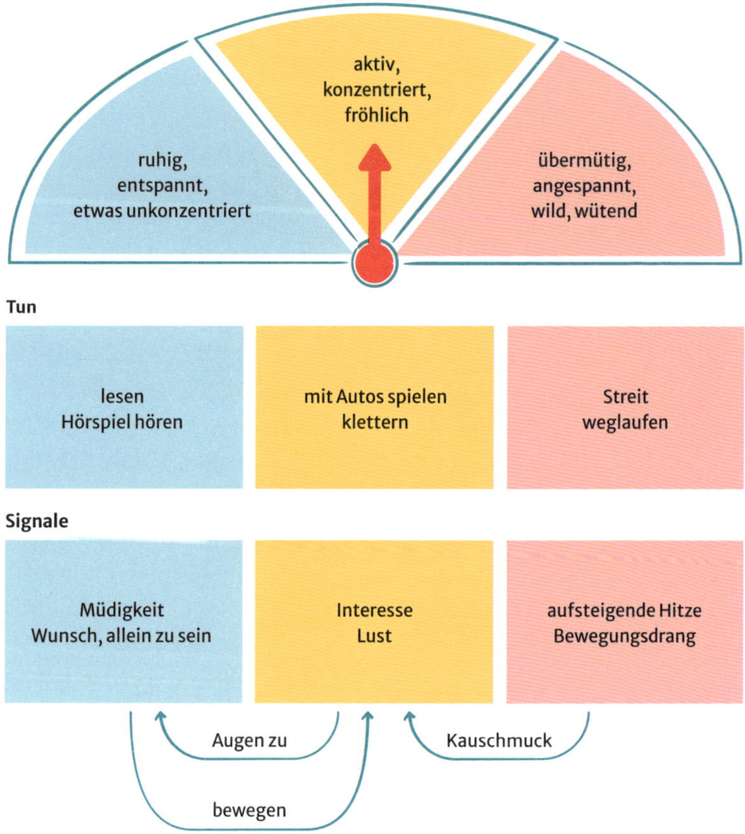

Alle Felder bebildert ihr mit Zeitungsausschnitten oder Comics, die zum Gefühlszustand passen, und hängt den Anzeiger zum Beispiel im Esszimmer auf. Wenn ihr über Gefühle sprecht, hat das Kind so immer gut vor Augen, worum es geht. („*Was war denn da los?*“, „*Wie hast du dich gefühlt?*“, „*Was hättest du tun können?*“).

Dazu erstellt ihr gemeinsam eine dreiteilige Liste (TUN) zur Fragestellung „*In welchen Momenten spürst du dich [gemeint ist das Kind] in welchem Bereich?*“ Hängt sie unter den Gefühlsanzeiger.

Darunter folgt eine zweite Liste (SIGNALE), wieder in drei Spalten, zur Frage *„Was signalisiert mir frühzeitig, in welchem Bereich ich bin oder gleich ankomme?“*

Und schließlich folgt eine Sammlung zur Frage *„Wie kann ich auf gutem Weg erreichen, dass ich in eine der anderen Spalten komme?“* (Hier als Pfeile dargestellt.):

- Ich kann um den Tisch laufen und die Arme kreisen lassen, um von grau zu gelb zu kommen.
- Ich kann mich hinlegen und die Augen zumachen, um von gelb zu grau zu kommen.
- Ich kann auf einen Kauschmuck beißen, um von pink zu gelb zu kommen.
- usw.

Sammelt Alternativstrategien, wie ihr es schon aus der Vorschulzeit kennt. Mit einem Schulkind kannst du sie aufschreiben, ansonsten sollen sie einfach immer wieder in eure Gespräche einfließen: *„Hast du wieder gefühlt, wie dir ganz heiß wurde, bevor die Wut kam?“*, *„Was hättest du schnell machen können?“*, *„Wie hätte ich dir heute noch helfen können?“*

Nach diesen Vorbereitungen ist sicher schon viel gewonnen. Im Alltag könnt ihr das ständig ergänzen, und du kannst immer wieder ansprechen, in welchem Bereich dein Kind sich gerade sieht. Erinnere es daran, wie es das aktiv verändern kann, bis das Ganze schließlich mittelfristig ein Selbstläufer wird. Wenn der Gefühlsanzeiger tatsächlich an einer Stelle hängt, an der ihr euch oft aufhaltet, kannst du wirklich in den emotionalen Momenten zum beweglichen Zeiger greifen und ihn verschieben oder je nach Impulsivität dein Kind dazu ermuntern. Seid ihr woanders, kannst du deinem Kind das Bild des Zeigers durch die Farben in den Kopf rufen: *„Du steckst auf grau fest – was wolltest du dann tun, um zu gelb zurückzukommen?“*

Wenn dein Kind Lust dazu hat und auch spürt, dass es gerne noch aktiver etwas verändern möchte, kann das in der Eltern-Kind-Beziehung gelingen. Schau, ob es sich einlassen mag. Ein eigener, ähnlich gestalteter Anzeiger für dich, oder auch für jeden in der Familie, kann ein zusätzlicher Motivationsschub sein.

Auf dieser Basis blicken wir nun auf die herausforderndsten Situationen mit deinem wunderbaren wilden Kind, sortiert nach Lebensalter. (Lies unbedingt den folgenden Abschnitt zum Vorschulalter, auch wenn dein Kind schon älter ist, da viele Grundlagen sich übertragen lassen.) Vermutlich wirst du mehrfach zu den bis hierher aufgeführten Gedanken zurückblättern, um alle Situationen gut meistern zu können.

WILD IM BABY-, KLEINKIND- UND VORSCHULALTER (0–5 JAHRE)

Bereits im Baby- oder Kleinkindalter kann Wildheit extrem fordernd sein. Eltern sorgen sich und das Umfeld beginnt, lautstark Bedenken zu äußern. Schnell wird der Erziehungsstil infrage gestellt. Mit einem gesunden, forschen Temperament kannst du aber umgehen lernen – und den Zweiflern stark entgegentreten.

Ist dein Baby mit wildem, impulsiven Temperament zur Welt gekommen, zeigt sich das schon in seinem ersten Lebensjahr. Je nach seiner motorischen Reife wird es dich vermutlich bereits zu Hause herausfordern, weil es riskantere Bewegungsabläufe austestet als andere Kinder. Und im Umgang mit Verwandtschaft, Freunden und Freundinnen oder auch anderen Eltern und Kindern wird dein Kind auffallen. Denn vermutlich zieht es los, geht auf andere unumwunden zu und kann andere begeistern, aber auch erschrecken.

Julia, Mutter von zwei Kindern (1, 3), über ihre Tochter (1)

„Genauso ein Kind haben wir. 1,5 Jahre alt. Zappelig, wild, laut und forsch.

Sie hat mir mit sechs Monaten beim Stillen das Auge zerkratzt, weil sie so gezappelt hat. Mit zehn Monaten hat sie sich bei den ersten Aufstehversuchen direkt den ersten Zahn ausgeschlagen. Und seitdem vergeht keine Woche ohne größere Verletzung. Alles muss beklettert, behüpft und entlangbalanciert werden. Dann lacht und klatscht sie. Und wenn es nicht klappt, brüllt, schreit, tobt, tritt oder beißt sie.

Zum Beispiel beim Hühnerfüttern: Die große Schwester wird vom Huhn gepickt, zieht schnell die Hände zurück und weint. Die Draufgängerin steckt den Hühnern beide Hände ins Gefieder und brüllt sie an. Hunde knurrt sie von Weitem an und Verbote werden ignoriert und weggegrinst."

Übermut begleiten

0–3 Jahre

Wichtig ist, dass du dein Kind so annimmst, wie es ist. Schau, was daran positiv ist sowie wo es Unterstützung braucht. In diesem jungen Alter kann dein Kind nichts an seinem Verhalten ändern und sich nicht feinfühlig anderen anpassen. Es ist geistig nicht dazu in der Lage, sich bewusst zurückzunehmen. (Kinder, die das scheinbar können, haben ein anderes Temperament oder reagieren vielleicht auf ungute Bindungserfahrungen.) **Erst im Laufe der Kindergartenzeit entstehen Möglichkeiten, miteinander über das Thema zu sprechen und mit dem Kind Alternativstrategien für herausfordernde Situationen zu finden.** Das heißt, dein Baby und Kleinkind ist darauf angewiesen, dass noch das Außen seinem Innen angepasst wird. Das ist deine Aufgabe. Auch wenn du dir das alles anders ausgemalt hast.

Struktur: Gib gute Strukturen vor, innerhalb derer dein Kind sicher ist, aber Freiräume hat. Das ist ein Balanceakt, der eng mit dem Bindungsverhalten gekoppelt ist: Sicherheit geben, aber auch loslassen. Ganz konkret bedeutet das, dass du eure Woche nicht zu vollpacken und Unternehmungen mit ausreichend Vorlauf planen solltest, in dessen Rahmen dein Kind genug Freiheiten hat. So kann dein Kind sich an anderen Orten und mit anderen Menschen ausprobieren, aber in geregelten Bahnen.

Spielraum: Freiheiten zulassen bedeutet, dass dein Kind mitentscheiden darf, was ihr mitnehmt, auf welchem Weg ihr zum Spielplatz wandert, wer mitgeht o. Ä. Es plant also mit, aber du entscheidest und suchst einen Ort aus, an dem Menschen und Dinge nicht in überreizendem, überforderndem Ausmaß vorhanden sind. Das nennt sich Co-Regulation. Dadurch wird sein Leben und euer Alltag stressfreier und es kann sich nach und nach abgucken, wie das funktioniert.

Regulation: Gestehe ihm zu, dass es immer wieder Dinge entscheiden möchte, aber manchmal doch nicht kann. Ist dein Kind hin- und hergerissen und findet kein Ende, fordert A, dann B, dann doch wieder A, sei auch hier Regulationshilfe und entscheide. Den beziehungsstarken Unterschied macht hier die Art deiner Kommunikation: Hart und kühl? Nein. Wertschätzend, verständnisvoll, zugewandt und dennoch klar!

Begleitung: Schlagen die Gefühle Salti und tobt die Wut so richtig, ist das Beste für dein Kind und auch für dich selbst, wenn du dir klarmachst, dass es nicht darum geht, den Ausbruch möglichst schnell zu beenden. Hilft ein Angebot *„A oder B?“* nicht und ist dein Kind kaum erreichbar, sei so gelassen wie möglich in der Nähe. Vielleicht atmest du laut und ruhig oder summst etwas Leises. Aber stopp einen möglichen Redeschwall und versuche, dein Kind nicht mit einer Idee nach der anderen zu bombardieren. Das kostet dich Kraft, und dein Kind bremst seinen Frust nur aus, aber ist ihn nicht losgeworden.

Emotionen: Lerne mit deinem Kind beim Lesen, Singen und Erzählen alle Gefühle dieser Welt kennen und zeige ihm, welche Begrifflichkeiten wir dafür haben. Spätestens im Vorschulalter kann es die Vorboten spüren und immer öfter formulieren, was in ihm los ist.

Berechenbarkeit: Die starke Planung des Alltags mag lästig sein und wird von anderen im schlimmsten Fall auch noch blöd kommentiert. Aber je weniger unerwartete, herausfordernde Situationen dein Kind meistern muss (und du zu begleiten hast!), desto weniger halsbrecherisch kann sich sein Temperament äußern.

Entspannung: Euer Alltag sollte möglichst reiz- und stressarm sein, im Miteinander und auch im Kalender! Plane Termine in Maßen. Zeit für die Wege (zu Fuß?!) und für echtes Miteinander ist wichtiger.

Planung: Vermeide dabei unbedingt extreme Belastungen wie ein großes Stadtfest mit Karussells und Livemusik oder viele Ortswechsel usw. – Ja, viele Kinder können das, andere Familien machen das einfach, aber es ist die Anspannung in euch allen nicht wert. Geh solche Tage nur an, wenn es dir wirklich sehr, sehr wichtig ist und du Kraft für eine gute Begleitung hast.

Risiko: Halte es aus, dass dein Kind einen starken Drang hat, die Welt zu erkunden und sich dabei auch mal verletzt. Natürlich darfst du es nicht sehenden Auges vom Baum fallen lassen, aber alles zu verbieten wird deinem Kind nicht guttun. Übt gemeinsam, tröstet und verpflastert und bitte hab kein schlechtes Gewissen, wenn „mal wieder etwas passiert ist“.

Nähe: Vergiss die Nähe nicht: Berührungen in brenzligen Situationen und bei Wutanfällen helfen beim Beruhigen. Wenn du sie auch sonst in den Alltag einbaust, schenken sie euch Verbindung und deinem Kind ein Gefühl für Sicherheit durch „Tuchfühlung“. Es lernt, dass körperliche Nähe zu einer Bezugsperson schön, hilfreich und okay ist und wird sie immer suchen, wenn das Bedürfnis danach sich meldet.

Abgrenzung: Zeige deinem wilden Kind auf, wenn es dir zu viel wird. Das ist keine Ablehnung, wenn du es zugewandt aussprichst und ihr vielleicht auch ausmachen könnt, wann du wieder mehr Nähe zulassen magst. Du bist deinem Kind in dem Moment Vorbild fürs Nein-Sagen! – Und selbstverständlich darf auch dein Kind körperliche Nähe jederzeit ablehnen.

Mit diesen Grundlagen im Hinterkopf kannst du Situation um Situation angehen.

Körperkontakt ist der wichtigste Baustein, den wir haben, wenn ein Kind Beruhigung benötigt. Selbst wenn dein Kind dich wegschubst, erhalte das Angebot aufrecht. Und auch wenn es dich mit Worten auffordert, zu gehen, signalisierst du ihm, dass du greifbar bleibst.

Der Abbruch des Kontaktes zu deinem Kind sollte immer das letzte Mittel sein. Greif dazu nur, wenn du spürst, dass du es nicht schaffst, Entspannung zu vermitteln.

Fremdeln

0–2 Jahre

Manchmal ist ein wildes Kind plötzlich nicht wiederzuerkennen. Es fremdelt in der eigentlich gewohnten Spielgruppe (und weiteren Situationen) fürchterlich, klammert, zeigt Angst. Das ist nicht zwingend ein Zeichen von Überforderung und bedeutet nicht, dass sich sein Wesen aufgrund schlimmer Erlebnisse verändert hat. Wahrscheinlich fremdelt es einfach.

FREMDELPHASE

Die sogenannte „Fremdelphase" zeigen fast alle Kinder, meist zwischen dem vierten und zehnten Lebensmonat. Manchmal hält sie mehr oder weniger ausgeprägt sogar bis zum dritten Geburtstag an. Dahinter steckt ein Reifeprozess: Das Baby kann nun erkennen, wer vertraut ist, Sicherheit gibt und seine Bedürfnisse zuverlässig erfüllt. Alle, denen es das nicht zutraut und die es noch nicht dabei erlebt hat, sind eine Gefahr. Auch wilde, forsche Kinder müssen hier lernen, dass die primäre Bezugsperson ihre Unsicherheit spürt und dann Nähe schenkt. So können sie sich nach und nach auch auf die Fremden einlassen.

Manchen Kindern merkt man das Fremdeln kaum an, während andere es intensiv zeigen – manchmal nur in bestimmten Situationen, manchmal tagelang überall!

Was kannst du tun, wenn dein sonst so mutiges Kind auf einmal stark fremdelt?

- Nimm die Zeichen immer ernst und reagiere so rasch wie möglich. Dein Kind kann es aushalten, wenn du mal duschen möchtest oder auf dem Zahnarztstuhl behandelt werden musst und sich derweil eine andere Bezugsperson kümmert. Aber gib ihm immer Nähe, wenn es sie stark einfordert. Sofortiger Blickkontakt ist die Erste-Hilfe-Maßnahme, körperliche Nähe dann die einzige Strategie.

- Dein Kind braucht kein Training auf dem Arm von Fremden, um zu lernen, dass ihm dort nichts passiert. Dadurch lernt es nur, dass seine Zeichen nicht richtig verstanden werden, und vermeidet mittelfristig, seine Bedürfnisse zu äußern.
- Gib deinem Kind Zeit! Die Fremdelphase ist ein Reifeprozess, an dessen Anfang das Unterscheiden von Bezugspersonen und Fremden steht. Am Ende soll ein Kind sich sicher fühlen und mit dieser Kraft auch auf Fremde zugehen.
- Überleg, ob verunsichernde Erfahrungen wie Schlaftrainings, schlecht vorbereitete und begleitete Trennungen, eine Geschwistergeburt oder nicht feinfühlig reagierende Menschen das Fremdeln zusätzlich verstärken. Falls das der Fall ist, rechne damit, dass du extra viel Zeit und Empathie investieren musst, um die Sicherheit zurückzugeben.
- Vermeide Situationen, in denen das Fremdeln aufkommt, nicht und kapsle dich nicht total ab. Nur stark fordernde Situationen solltest du, wenn möglich, eine Weile unterlassen. Vielleicht geht ihr in dieser Phase lieber nicht zur großen Familienfeier oder trefft Freund*innen lieber zum Wandern statt zum Kaffee im fremden Wohnzimmer.
- Erkläre deinen Mitmenschen, dass sie das Fremdeln nicht persönlich nehmen dürfen. Du kannst andere auch darum bitten, dein Kind erst einmal zu ignorieren, wenn ihr aufeinandertrefft. Fühlt es sich unbeobachtet auf deinem Arm, kann es von sich aus ganz in Ruhe zeigen, ob es irgendwann bereit ist, Kontakt aufzunehmen.

In guten Eltern-Kind-Beziehungen tritt das Fremdeln meist früh und sehr stark auf, was absolut kein Grund zur Beunruhigung ist. Lass dir das auch nicht einreden. Bei dem Grundtemperament deines Kindes kann es aber trotzdem sein, dass diese Phase nicht zu lange andauert, denn grundsätzlich ist seine Abenteuerlust ja groß.

Alltag zwischen Schlafen, Essen und Geschwistern

Damit du zu Hause gut mit deinem wilden Kind zurechtkommst, sind die Aspekte aus dem Kapitel „Arbeit an dir selbst“ grundlegend: Du musst möglichst viel Kraft haben und wissen, wie du in Beziehung, gewaltfrei und klug kommunizierend mit deinem Kind umgehen kannst. Einige weitere Aspekte können den Alltag daheim vereinfachen.

Julia, Mutter von zwei Kindern (1, 3), über ihre Tochter (1)

„Gut klappt: Viiiiieeeel Freiheit lassen. Ein dickes Fell haben. Nur das Schlimmste verhindern. Viel alleine machen lassen und wenig helfen. Immer wieder fragen: *‚Willst du die Hose alleine anziehen?‘ ‚‚Ist dir Wickeln so unangenehm?‘ ‚‚Möchtest du lieber aufs Töpfchen?‘.* Kühlpacks parat haben. Viiiiieeeeel Körperkontakt – Kuscheln hilft beim Beruhigen.“

Wärme und Klarheit

Wärme und Klarheit schaffen Sicherheit zu Hause. Dein impulsives Kind will gesehen werden, sich angenommen fühlen und einen guten, regulativen Rahmen spüren.

Wärme

- Versuche, in euren Alltag möglichst viele 1:1-Zeiten einzubauen. Für dein Kind und dich oder eine andere Bezugsperson, ohne andere Verpflichtungen, ohne Stress durch Geschwisterstreit und Zeitdruck. In diesen Momenten kannst du dein Kind sehen und begleiten. Das stärkt sein Selbstwertgefühl und seine Sicherheit. Spezielle Themen rund um die Wildheit könnt ihr in diesen Phasen intensiver und entspannter angehen.

- Kannst du das schwer organisieren, suche dir Unterstützung: die Nachbarin, den Studenten, die Leihoma, den Einzelfallhelfer vom Jugendamt – viele können eine stabile Bezugsperson werden und 1:1-Zeiten schenken.
- Informiere dich über Bindungsspiele (z. B. bei Aletha J. Solter oder Béa Beste) und bau sie in den Alltag ein. Sie schenken euch Nähe und ermöglichen, dass dein Kind sich stärker fühlt und du dich ihm liebevoller zuwenden kannst, wo die Wildheit euch sonst im Weg steht.

EMOTIONELLE ERSTE HILFE

Nutze Teile des Konzepts der Emotionellen Erste Hilfe (EEH, nach Thomas Harms): Dieser körperorientierte Ansatz erleichtert es Eltern, ihr Kind durch emotionale Ausnahmezustände zu begleiten und die Bindung zu stärken. Er wurde fürs Babyalter entwickelt, aber kann auch im Kleinkindalter noch gute Dienste leisten. Fokussierst du dich bei einem schreienden Baby darauf, es zu begleiten, anstatt darauf, das Schreien endlich zu beenden, kann das Baby sich quasi in deine Ruhe einhaken und mit dir runterfahren. Ähnlich verhält sich das mit Wut und Impulsivität bei einem größeren Kind: gelassenes Begleiten statt schnelles Beruhigen. Erklärende Videos, die frei im Netz zu finden sind, können dir ein guter Einstieg sein. Bist du echt verzweifelt, hol dir eine*n EEH-Berater*in an deine Seite, die*der dich, deine Geschichte und eure Bindung professionell betrachten und bearbeiten kann.

Klarheit

Komm mit deinem Kind gemeinsam an – nach dem Aufstehen, dem Heimkommen, dem Mittagessen. Sieh es, begleite es, lass es spüren, dass du dich ganz darauf konzentrierst. Binde dein Kind an den Moment, gib ihm etwas zu tun und lass Haushalt oder andere Aufgaben für einen Moment ruhen. Jede investierte Minute hilft dabei, dass dein Kind nicht so leicht „explodiert“.

- Wenn du mit einem zweiten Elternteil zu Hause bist, schafft möglichst immer klare Zuständigkeiten: Haltet fest, wer von euch beiden gerade Kinderdienst hat und wer etwas anderes tun kann. Klingt bürokratisch? Es bietet aber so viel Raum für alle, weil niemand mit der Angst seine Aufgaben erledigen muss *„Hoffentlich reagiert der andere zuerst aufs wilde Kind und ich kann hier weitermachen!“* Vereinbart klare Zeiten, wer wann Ansprechpartner für das Kind ist und dem anderen den Rücken freihält – auf seine Weise. Das Kind akzeptiert euch so beide als Bezugsperson und kann aushalten, dass eine davon gerade nicht greifbar ist.
- Hierfür und auch wenn du allein mit dem Kind bist, können Sanduhren ab dem Kindergartenalter langsam eine Unterstützung werden: Sie zeigen dem Kind, wie lange es noch warten muss, bis du deine Aufgaben erledigt hast und es wieder dran ist; sie aktivieren das Kind, weil es sie holen und aufstellen bzw. auch umdrehen kann. Sie machen ihm Wartezeit begreifbarer und unterstützen die Entwicklung von Geduld.
- Findet für Bereiche, in denen es immer wieder schwierig wird, gemeinsame, gerne spielerische Regeln und haltet sie grafisch fest, wenn euch das hilft. Regeln müssen nicht einfach willkürlich von euch Eltern aufgestellt, sondern können sehr kindzentriert gefunden werden. Sie helfen euch, Konflikte zu minimieren. Gibt es andererseits auch viele Freiräume für dein Kind, wird die Bereitschaft zur Regeleinhaltung größer sein.

Regeln

ab 3 Jahre

Die Regelproblematik ist ein Teufelskreis. Struktur und Vorgaben bringen deinem Kind mehr Orientierung, aber unflexible Regelberge machen ihm vermutlich wieder Druck, sodass es nicht kooperieren mag. Dieses Spannungsfeld ist schwer zu lösen, und du kannst ihm nur Schritt für Schritt und immer wieder austestend begegnen. Ab dem Kindergartenalter könnt ihr das bewusst zusammen angehen.

Wenn dein Kind deine Bitten nach Kooperation nicht hört, tut es das nicht bewusst. Ist die Bitte noch so nett vorgetragen, so wird sie für seinen impulsiven Kopf häufig doch zu einer Anweisung, die es überfordert, weil sie seinen Plänen widerspricht. Es kann sie nicht erfüllen. Für ein Kind fühlt sich das dann sofort nach einem Misserfolg an. Sprich: Beide Seiten sind frustriert.

Schau genau hin: Was ist immer gleich, wenn dein Kind zu wild wird, verzweifelt oder wütet? Was ist sein Bedürfnis? Struktur? Weniger Weite? Körperliche Nähe? Lautsein oder Bewegung?

Lässt sich daraus ein Lösungsplakat (mit Comicfiguren oder Symbolen) erarbeiten? *„Immer wenn im Bauch das Gefühl zum Losspringen kommt, dann …“* Im Umgang mit Kindern hat sich diese gemeinschaftliche Visualisierung bewährt: Du gehst nach und nach gemeinsam mit dem Kind regelmäßig wiederkehrende Situationen an, sagst klar, was du brauchst, fragst dein Kind nach seinen Bedürfnissen, suchst passende Abläufe und verbildlichst diese als Vertragsplakat an einem passenden Ort oder in einem Büchlein, das ihr immer wieder zusammen anschauen könnt. Das Ganze darf gerne spaßig gehalten sein, also lustige Bilder enthalten oder auch witzige Rituale wie Kniebeugen, Singen oder Krabbeltunneldurchquerungen. Immer, wenn dein Kind unruhig oder laut wird oder auch vor dem Anziehen-Kämmen-Zähneputzen-Ablauf. So können alle immer wieder auf die Bilder verweisen und sie sich besser einprägen.

Fällt es dir schwer, bei einer strittigen Situation zu entscheiden, welches Bedürfnis stärker wiegt, ist die von der Autorin Nora Imlau in ihrem Buch „Mein Familienkompass“ gefundene Frage *„Wer leidet mehr?“* der erste Schritt zur Lösung: du wenn du nachgibst, oder dein Kind, wenn es beschränkt wird?

VERWEIGERUNG EINORDNEN

Kinder sind große Kooperierer. Sie wollen mit uns mithalten und sich anpassen und vor allem die Bindung zu uns nicht riskieren, aber sie sind schneller überfordert, als wir denken. Wir übersehen nämlich oft, wie viel sie im Alltag mit uns kooperieren. Obwohl ihnen die intrinsische Motivation noch fehlt, stehen sie auf, wenn wir sie für die Kita wecken, waschen sich die klebrigen Hände, nutzen den Löffel zum Essen statt der Finger, wählen etwas zum Anziehen aus. Für uns ist das fast nichts, doch für sie ist das viel, und wenn es dann irgendwo anders hakt, ist das nachvollziehbar (und niemand ist daran schuld!). Verweigert sich ein Kind also, ist das in der Regel ein Zeichen für Überforderung, nicht für Bockigkeit (oder für Eltern-Fehlverhalten). Es bedeutet aber, das Kind braucht Hilfe, neue Routinen, andere Absprachen, vielleicht auch mehr Zuwendung.

Oft helfen schon klare Reihenfolgen, z. B. erst anziehen, dann frühstücken, dann Zähne putzen. Weil du als Elternteil entschieden hast, dass dein Kind passend gekleidet das Haus verlassen soll. Trödelt dein Kind, sind die anderen beiden Punkte auch unterwegs oder am Ziel zu schaffen. Manchmal helfen auch zwei neue Auswahlmöglichkeiten (Zähne putzen im Bad oder lieber in der Küche?). Das macht dich gelassener und mittelfristig die Regel gut lebbar.

Was ist, wenn Regeln nicht eingehalten werden? Strafen helfen nicht tiefgründig, sondern nur oberflächlich – siehe auch im Kapitel „Argumente gegen Strafen und Druck“ (Seite 72). Sie zeigen in der Regel unsere Verzweiflung, haben oft nichts mit dem Geschehenen zu tun und stellen einen Machtmissbrauch dar. Es entstehen Kämpfe und im Kind über die Zeit oft Rachegefühle gegenüber den Eltern. Es kann zu Heimlichtuereien kommen, um die Sanktionen zu umgehen. Das ist ganz schlecht für die Eltern-Kind-Beziehung.

Manche Folgen (nämlich logische oder auch persönliche Konsequenzen) sind natürlich nicht abwendbar, sollten aber immer nachvollziehbar erklärt werden: Wirst du zum Beispiel von deinem Kindergartenkind immer noch um vier Uhr morgens geweckt, sodass du gar nicht mehr zur Ruhe kommst, hast du wahrscheinlich keine Kraft für den geplanten Besuch am Abenteuerspielplatz, weil das Risiko zu hoch ist, dass du nicht richtig aufpassen kannst. Davon hat niemand von euch etwas. Sucht Wege, das zu vermeiden: gemeinsames Kuscheln im Bett, ein Hörspiel hören ... Sprichst du das ruhig und erklärend an und begibst dich mit Kind auf eine Kompromisssuche (in warmer Atmosphäre, gerne in körperlicher Nähe und mit Neugier auf die Ideen des Kindes), so können alle diese Konflikte jeweils zum „Beziehungsmotor" werden und du die*der lösungssuchende Partner*in des Kindes. Geh in den Dialog mit Ich-Aussagen und Du-Fragen. *(„Ich brauche ..., was brauchst du?")* Ganz oft hilft es, dem Kind zwei Möglichkeiten anzubieten, mit denen du gut oder auch nur gerade so leben kannst, und eindeutig das Kind wählen zu lassen; es spürt Selbstwirksamkeit, aber in einem von dir gesteckten Rahmen. So könnt ihr immer wieder gebrochene Regeln neu aushandeln. Werde nicht müde, den Sinn bestimmter Abmachungen zu erklären, denn es lohnt sich – die „Ernte wird kommen".

Belohnungen zu versprechen ist auch nicht hilfreich, solange sie unter Druck setzen. Zum Beispiel, wenn dein Kind aufgrund seines Temperamentes oder der äußeren Umstände die Regeln gar nicht einhalten *kann*. Aber schau genau hin: Vielleicht *kann* dein Kind es eigentlich doch und braucht Hilfe dabei? Dann ist eine Belohnung ok: Vielleicht hast du durch seine Kooperation die Kraft für eine Geschichte mehr am Abend oder die Zeit, vor einem Termin noch am Bäcker zu halten und was Schönes auszusuchen. Wichtig: Versuche, eine Belohnung zu finden, die eure Beziehung verstärkt. Und mach das überraschend, ohne Ankündigung. Dann fühlt es sich nicht wie eine Strafe an, wenn es nicht passiert. Druck ist keine Option! Mach deinem Kind kein schlechtes Gewissen; bleib im Gespräch und erläutere, warum dir etwas möglich ist oder nicht. Dein Kind soll verstehen.

Weise nicht zurecht, sondern findet gemeinsam eine Lösung. Wieder und wieder. Das kann in jeder Familie ganz unterschiedlich aussehen. Und ja: Das frisst Kraft, Kreativität und Zeit; aber diese Anstrengungen lohnen sich, denn vieles wird so nach und nach zum Selbstläufer.

Andrea (37), Mutter von zwei Kindern (4, 6), über den Weg, den sie mit ihnen gefunden hat

„Das Anziehen vor dem Rausgehen war immer ein Riesenthema. Nicht nur, dass ich wie ein General danebenstehen und ständig Befehle erteilen muss – unser Eingangsbereich in der Wohnung ist recht eng. Die Kinder geraten ständig aneinander. Nun habe ich auf Rat unserer Kinderpsychologin für beide Kinder ein A4-Blatt mit einem Tier (bzw. für den Großen ein Pokémon) aufgehängt. Wenn sie sich einigermaßen anständig anziehen und vor allem nicht prügeln, dürfen sie sich was für ihr Tier/Pokémon aussuchen. Für den Dino vom Jüngeren gibt's ein kleines Bildchen mit einem Nahrungsmittel drauf, das wir dem Dino hinkleben. Für den Großen gibt's eine Pokémon-Fähigkeit, die er sich aussuchen kann und so sein Pokémon verstärkt. Klar, im Grunde ist es ein Punktesystem für gutes Verhalten. Aber es fühlt sich für die Kinder irgendwie nicht so an, weil es sehr spielerisch ist und auf ihre individuellen Interessen eingeht. Und es scheint zu klappen – statt zu kämpfen suchen sie sich jetzt lieber ein feines Essen bzw. eine starke Fähigkeit für ihr Tier/Pokémon aus."

„Lügen"

2–4 Jahre

Im Alter zwischen 2 und 4 bis 5 Jahren zeigt ein Kind verstärkt, dass es in der „magischen Phase" steckt. Das bedeutet, dass nicht nur tatsächlich Erlebtes, sondern auch die eigene Fantasie das Handeln und auch das Fühlen eines Kindes beeinflussen – und zwar nicht absichtlich, denn dazu ist das Kind kognitiv in der Regel noch kaum in der Lage. Lügt ein Klein- oder Kindergartenkind also in den Augen des Erwachsenen, so steckt eigentlich immer etwas Wichtiges, aber Unabsichtliches oder Unbewusstes dahinter, das wir genau erkennen und auf keinen Fall bestrafen sollten.

Dein impulsives Kind erzählt der fremden Frau an der Bushaltestelle oder seinem Kindergartenkumpel von Monstern oder Einbrechern, die bei euch waren? Von eurem baldigen Umzug nach China oder seinen sieben kleinen Geschwistern zu Hause? Nimm das an, ohne es zu bewerten, und weise zurück, wenn andere das als „Wichtigtuerei" bezeichnen. Manchmal stecken Wünsche dahinter, manchmal Ängste, oft ist es eine Art, Dinge einzusortieren oder zu verarbeiten. Ja, ab und zu ist es vielleicht auch eine Strategie, weil dein Kind gespürt hat, dass es mehr Aufmerksamkeit bekommt, je verrückter es sich äußert. Doch auch das musst du nicht verhindern. Denn das Bedürfnis nach Aufmerksamkeit ist nichts Schlechtes!

Wie gehst du am besten damit um?
Betrachte es als Spiel und steige mit ein: möglichst positiv und humorvoll, bei schwierigen Inhalten kreativ und lösend. Und wenn dir bei einem bestimmten Thema die Wahrheit sehr wichtig ist, zeige das: *„Das ist deine Sicht, mein Schatz, aber ich glaube, dass es anders war."* Oder frag nach: *„Wie kommst du darauf?"* statt deinem Kind über den Mund zu fahren oder es bloßzustellen. Fantasie ist etwas Gutes, kreativ und eine besondere Art, mit der Welt umzugehen. Nur wenn die Lügen anfangen, beständig zwischen euch zu stehen, und eine Not im Kind dahinterstecken könnte, müsst ihr daran arbeiten. Dann ist es deine Aufgabe, hinzuschauen, warum dein Kind sich in Lügen verstrickt und nicht mehr herausfindet: Hat es Angst vor Zurechtweisung und Strafe? Kann es Fehler nicht gut zugeben? Sind manche Regeln in seinem Leben zu streng und nötigen es zu lügen, damit am Ende wir Großen zufrieden sind? Kinder tun alles, um die Beziehung zu ihren Bezugspersonen nicht zu gefährden – oft liegt das Problem beim Lügen nicht auf Kinderseite.

In einem beziehungsstarken Umgang und einem vertrauensvollen Elternhaus wird unangenehmes Fantasieren nach der magischen Phase in der Regel kaum noch eine Rolle spielen.

ab 5 Jahre

Bewusstes Lügen oder sogar Stehlen kommen bis ins Schulalter vor. Das kannst du eigentlich als Meilenstein sehen, denn es zeigt, dass dein Kind in den Bereichen Wahrnehmung, Denken, Regeln oder Miteinander „trainiert". Es gehört also mit zum geistigen und moralischen Entwicklungsweg. Du musst ihm hier zugewandt beim Lernen helfen. Erst wenn es dauerhaft vorkommt, schau genau hin, welches unerfüllte Bedürfnis die Ursache sein kann.

(Ein-)Schlafen

Dass ein Kind tagsüber forsch und mutig ist und ein lebensfrohes, wildes Temperament hat, bedeutet leider nicht automatisch, dass es auch ein selbstbewusster (Ein-)Schläfer ist. Die Abende können fordernd sein, weil dein Kind immer noch wild ist oder aber, weil es dann endlich mehr zu sich kommt und Unsicherheit spürt. Oft ist wieder die magische Phase die Ursache für die Unruhe: Kommt ein Kind im Bett langsam zur Ruhe, springt der Kopf an und sieht Gespenster! Ein großes Bindungsbedürfnis ist dann gar nichts Besonderes, nicht die Ausnahme, nicht „anerzogen", nicht durch „Verwöhnen" verursacht, sondern entwicklungspsychologisch oder evolutionstheoretisch erklärbar:

- Angst aufgrund von Einbildungskraft aktiviert unser Bindungssystem: Kinder brauchen dann ihre Bezugsperson, um gegen die Ängste anzukommen. Sie schaffen dies nicht allein!
- Jeder Mensch schläft tiefer und gesünder in sicherer Umgebung und ohne grummeliges Bauchgefühl – auch wir Erwachsenen.

- Ein Kind schläft besonders gut, wenn es beim Erwachen oder beim Wechsel von einer Schlafphase in die nächste alles wie gewohnt erlebt, z. B. seine Bezugsperson wahrnehmen kann, anfangs auch Essen sofort verfügbar ist usw.
- Ist das Kind den ganzen Tag über wild, enthusiastisch und lebensfroh in die Welt marschiert, kann es sein, dass es ihm abends schwerfällt, Ruhe zu finden.
- Und hat es sich den ganzen Tag bemüht, nicht zu wild zu sein, ist es gut möglich, dass das alles abends endlich lautstark raus muss.
- Oder es braucht abends besonders viel Nähe, weil sein Wesen ihm tagsüber viele Stressmomente eingebracht hat.

Dein wunderbares wildes Kind braucht Sicherheit und muss erfahren, wie sich Entspannung anfühlt (also vor allem Zeit!). **Sicherheit** entsteht, wenn du es am eigenen Bettchen begleitest oder auch im Familienbett, durch ein Nachtlicht oder ein Plüschtier und wenn du dich nur ganz langsam, mit viel Zeit und in kleinen Schritten, aus der Schlafbegleitung zurückziehst.

Probiere, diese Begleitung für dich so angenehm wie möglich zu gestalten, damit dich auch lange Abende nicht aggressiv machen: Du darfst lesen, dösen, mit Kopfhörern Musik hören, es dir gemütlich machen und deinem Kind signalisieren, dass es nicht mehr mitmachen darf, weil es noch jünger ist und mehr Schlaf braucht. Dafür bleibst du aber gerne bei ihm!

Kleine Schritte können bedeuten: Du liegst oder sitzt bei deinem Kind oder an einem anderen Platz in seinem Zimmer, du wechselst zwischen Zimmer und Flur (und erledigst dabei Aufräumaufgaben o. Ä.), du machst hörbar etwas im Flur und schaust nur mal rein usw. Das zieht sich oft über Wochen. Geh ganz behutsam vor, denn je mehr du hier investierst, desto sicherer wird dein Kind werden können und desto weniger wird es klammern und kämpfen.

Entspannung lernt dein Kind, wenn du ihm bewusst immer wieder tagsüber dazu verhilfst, mit Lese- oder Massagezeiten, Hängematte- oder Hörspielphasen ... Sein Körper lernt, wie es ist, runterzufahren und Kraft zu tanken, und kann dies auch abends und irgendwann allein besser schaffen. Die Sprachentwicklung ist hier oft ein entscheidendes Element. Statt diffuse Ängste zu haben, dass du – für immer – weg bist, versteht es dich immer besser und kann seine Probleme äußern.

Beim Entspannen im Bett hilft es, wenn nicht mehr zu viele Reize vorhanden sind: Ein Nachtlicht reicht, ein Raumteiler oder ein Betthimmel nehmen Spielzeug aus dem Blickfeld, und ein Kind, das nach dem Trockenwerden abends 25-mal ins Bad läuft, kannst du beruhigen, indem du ein Töpfchen direkt neben dem Bett platzierst.

Will sich dein Kind vor dem Zu-Bett-Gehen noch mal auspowern, ist das total legitim – auch wenn oft davor gewarnt wird. Geht noch eine Runde raus, vielleicht mit dem Schlafanzug unter der Matschhose. Oder tobt drinnen auf einem verletzungssicheren Matratzenlager. Rauft in einem ritualisierten Kämpfchen und geleite dein Kind dann nach und nach zu mehr Ruhe, zum Beispiel mit dem Pizza-Spiel, bei dem dein Kind mit deinen Händen geknetet, „belegt und gebacken" wird, oder einer Erst-Kitzel-dann-Streichel-Massage.

Vielleicht ist dein Kind aber nicht nur tagsüber sehr, sehr mutig, sondern auch abends und nachts schon früh selbstständig und sicher sowie reif genug, durchschlafen zu können. Dann darfst du das einfach genießen!

TRÄUME UND NACHTSCHRECK

Es ist normal, wenn die Schlafenszeit immer wieder von wilden Träumen und heftigem Aufwachen geprägt ist. Kinder träumen noch stärker als wir. Achte darauf, dass du die Fantasie deines Kindes nicht zu sehr durch Filme, Spiele oder Bücher anstößt, die nicht für seine Altersklasse gedacht sind, besonders nicht direkt vorm Schlafengehen. Vergegenwärtige dir zum anderen, dass dein Kind nachts nicht schreiend wach wird und deine Nähe sucht, um dich zu ärgern. Das ist manchmal leichter gesagt als getan, denn Schlafentzug erhitzt natürlich unser Gemüt. Sollte es für eine längere Zeit so bleiben und du dich immer verzweifelter fühlen, suche eine Schlafberatung oder sprich mit der Kinderärztin, ob doch etwas anderes als Fantasie hinter den schlechten Schlafphasen stecken könnte.

War dein Kind nachts kaum ansprechbar und kann es sich morgens so gar nicht mehr an das Erwachen und Wildsein erinnern, kann der Nachtschreck dahinterstecken. Das heißt, nächtliches Erwachen ohne wirklich bewusst munter zu werden, aufgrund einer verzögerten Gehirnreifung, die verhindert, dass das zentrale Nervensystem unproblematisch von einer Schlafphase in die nächste wechselt. Stressreduzierte Tage, fürsorgliche Begleitung beim nächtlichen Auftreten (schützen, nicht wecken) und der Faktor Zeit sorgen für eine Veränderung. Manchmal sind auch Fieber oder die Nebenwirkungen von Medikamenten die Auslöser. Bedenke also stets die vergangenen Tage und den gesundheitlichen Zustand, wenn du vermeintliche Schlafstörungen bewertest.

Trockenwerden

Dein Kind ist zu cool für die Toilette oder zu enthusiastisch für Pinkelpausen? Auch das teilt es mit vielen anderen Kindern. Spontan draußen irgendwohin zu pieseln, ist erst mal ein lustiges Spiel. Wenn andere entsetzt reagieren, macht es einem wilden Kind noch mal mehr Freude. Hier ist es wichtig, dass du mit deinem Kind Regeln und Lösungen findest:

- Übt es das Zurechtkommen ohne Windel, ist „schnell und überall" das Gebot der Stunde. Hier kann ein Reisetöpfchen, das gefaltet in jede Tasche passt und entfaltet mit einer Tüte zusammen funktioniert, super Dienste leisten.
- Findet Orte, an denen „draußen und spontan" möglich ist, wie das kleine Wäldchen unterwegs, hinterm Komposthaufen im Park o. Ä., damit dein Kind seine Freude daran ab und an ausleben kann. Das gilt für alle Geschlechter.
- Ansonsten musst du immer wieder erläutern, dass andere Menschen den Vorgang nicht beobachten möchten oder den Geruch nicht mögen sowie Fäkalien natürlich auch bestimmte Materialien angreifen können. Frag dein Kind lieber einmal zu viel als zu wenig, ob es muss, wenn ihr gerade in der Nähe eines WCs seid. Mach dies zugewandt, nicht forsch mit Druck. Und baut den Toilettengang in euren normalen Tagesablauf als Routine ein: z. B. immer nach dem Aufstehen, nach jeder Mahlzeit, vor dem Verlassen der Wohnung usw. – für alle Familienmitglieder.

Wenn dein Kind spürt und anzeigen kann, wann es zur Toilette muss, aber trotzdem immer wieder etwas danebengeht, weil es diese Unterbrechung im Spiel einfach zu öde findet, kannst du entweder mitgehen und den Vorgang lustiger gestalten oder aber die Toilette zu euch holen: Ein Töpfchen kann überall stehen, nicht nur im Bad. Eine Schreibtischunterlage kann helfen, den Boden sauber zu halten.

Passieren die Unfälle auch im Kindergarten, poche darauf, dass die Erzieher*innen kein Drama daraus machen. Auch hier können klare, für alle geltende Regeln für mehrere Toilettengänge täglich dem Kind die Verantwortung abnehmen, ein spannendes Spiel von allein unterbrechen zu müssen. Und es sollte geklärt werden, ob das so laute, wilde Kind sich in diesem Bereich vielleicht nicht gut entwickeln kann, weil es eigentlich ein starkes Schamgefühl hat: Vielleicht geniert es sich vor den anderen im Kindergarten, wünscht sich ein Türschloss oder, dass es sich selbst saubermachen kann. Große Besetzt-Schilder und feuchtes Toilettenpapier in der Hosentasche können hier Abhilfe schaffen. Sprich mit den Mitarbeiter*innen der Einrichtung, wenn sie in diesem Bereich noch nicht so sensibel sind.

Trittst du bei dem Thema auf der Stelle, sind Belohnungstafeln, die noch mehr Druck machen, nicht die beste Empfehlung. Sie können deinem Kind sogar das Gefühl geben, dir fehle das Vertrauen, dass es den Schritt auch ohne Belohnung schaffen kann.

Versuche es lieber andersherum und erwähne einfach im Nachhinein, wenn es gut und für dich leicht gelaufen ist. Beziehe dein Kind ganz selbstverständlich mit ein beim Säubern von Pannen. Schenk ihm auch gerade dann liebevolle Berührungen und Blicke.

Ob etwas Organisches oder Psychologisches dahintersteckt, sollte außerdem abgeklärt werden – in der Kinderarztpraxis oder einer entsprechenden Ambulanz.

Dein Kind ist noch Windelkind, aber kann den Wickelvorgang nicht leiden und wehrt sich vehement dagegen? Lass den Wickeltisch Wickeltisch sein und suche einen schönen anderen Ort, am besten am Boden. Denn da habt ihr beide mehr Sicherheit. Sing, mach Witze, lass dein Kind aufstehen und in irgendeiner Form mitmachen beim Säubern. So kannst du das Saubermachen sicher nicht jedes Mal fröhlich gestalten, aber immer öfter. Alternativ könnt ihr auch in Dusch- oder Badewanne ausweichen: Dort kann dein Kind am besten mitsäubern und fühlt sich nicht so ausgeliefert. Temperamentvollen Kindern kann man so oft deutlich besser begegnen als mit noch so liebevoll angegangenen Wickelkämpfen. Und biete immer wieder an, dass dein Kind bei all dem Unmut übers Wickeln gerne das Töpfchen austesten darf.

Essen

Essen kann man werfen, Reis fühlt sich gut an, Suppe macht lustige Sachen, wenn man den Löffel hineinwirft, und am Ende isst dein Kind doch wieder nur Salami ohne Brot. Es ist sicher neugierig aufs Essen, vielleicht aber nicht so sehr auf neue Geschmäcker oder aufs längere Sitzen am Tisch. Beides sind normale Verhaltensweisen, aber sie fallen im Zusammenhang mit dem Temperament deines Kindes unter Umständen besonders heftig aus.

Begegne der Experimentierlust offen: Nichts spricht dagegen, wenigstens einen kleinen Teil der Nahrung auch befühlen oder in seiner Wurfbahn auszutesten. Wähle das aus, was du am ehesten aushalten kannst. Machst du hier Angebote, kann dein Kind eher auch Verbote annehmen. Eine Schreibtischunterlage oder auch ein Duschvorhang sind super Hilfsmittel, um der eigenen Lust auf einen sauberen Boden einigermaßen nachzukommen. Das Konzept der „Sautage“ ist auch eine gute Hilfe: Esst doch einmal pro Woche unterwegs oder auch halbnackt in der Wanne, damit dein Kind dem Essen haptischer begegnen kann.

Mach dir keine Sorgen, wenn dein Kind keine Lust hat, viele verschiedene Lebensmittel auszuprobieren:

- Diese Phase ist evolutionstheoretisch erklärbar *(„Süß und bekannt bringt mich nicht um!“)* und endet in der Regel mit dem Eintritt in die Vorpubertät.
- Wenn du zu Hause ein gutes Vorbild bist, dich bunt ernährst (auch mit Nachtisch und Knabbereien), ohne Druck anbietest, immer wieder mit dem Kind zusammen einkaufst und kochst und Ablehnung nicht persönlich nimmst, kann dein Kind mutiger werden, ohne sich überrumpelt zu fühlen.
- Zwang ist keine Basis für ein gesundes Essverhalten, weder beim Probieren noch beim Aufessen! Für dein Kind kann eine gekochte Möhre genauso fies sein, wie es für dich vielleicht eine vom Baum gepickte Made wäre. Beides hat seine Berechtigung, und das solltest du auch nölenden Verwandten oder der Kita gegenüber klarstellen.

MIT SORGEN UMGEHEN

Lehnt dein immer größer werdendes Kind bestimmte Lebensmittel sehr unwirsch und kränkend ab, spiegle ihm dies. Möglichst ohne Vorwürfe und Geschimpfe.

Bleib bei dir: Stresst dich eine sehr einseitige Minimalernährung, prüfe ob alle Familienmitglieder gute Vorbilder sind, und frag die Kinderärztin. Eine Mangelernährung gibt es bei uns aber tatsächlich recht selten, und die Gewichtskurven im Vorsorgeheft sind nur ein Puzzlestück. Schau gut auf dein Kind!

Ist dein Kind insgesamt beim Essen sehr bewegungsfreudig unterwegs, während du dir so sehr ein ruhiges Essen mit allen Familienmitgliedern am Tisch wünschst, hast du mehrere Möglichkeiten.

Essen mit Freude

- Lass dein Kind Spielzeug mit an den Tisch bringen, damit es eine weitere Aktivität hat als nur das ach so langweilige Essen. Aber nimm an, dass es schon eine Leistung ist, fünf Minuten am Tisch zu sitzen! Und achte darauf, dass dein Kind aus Hunger isst und sich nicht verträumt vollstopft, während es im Spiel versunken ist.
- Vielleicht hilft eine Sanduhr, damit dein Kind ein Gefühl dafür entwickeln kann, was fünf Minuten sind, und ihr könnt damit eine Kompromisslösung entwickeln. Sieht dein Kind die verrinnende Zeit, fällt es ihm leichter durchzuhalten. Aber erwarte nicht vor 4 bis 5 Jahren viel Interesse an langen Mahlzeiten.
- Biete deinem Kind über den Tag immer wieder Zwischenmahlzeiten an, damit es gar nicht so sehr darauf ankommt, dass es am Tisch wahnsinnig lange aushält und viel isst. Das Esszimmer sollte kein Ort voller Druck sein, sondern mit Lust und Freude assoziiert werden.
- Übt gemeinsame Tischzeit doch einfach am Wochenende, wenn ihr Muße habt und nicht der Kindergarten oder das Bett warten. Dann kann es auch besonders leckere Speisen geben, und es ist Zeit, den Tisch gemeinsam hübsch einzudecken.
- Entwickelt spaßige Rituale, um die Essenszeit zu einem gemeinsamen, kindzentrierten Moment zu machen: anstoßen, mit Käse-Pieksern essen, Gesichter aus der Nahrung formen usw.
- Finde 1:1-Zeiten mit deinem Kind am Tisch, bei denen der Fokus nur auf ihm liegt und nicht auf dem Erwachsenengespräch oder Geschwistern. So kannst du etwas dafür tun, dass dein Kind in ausreichendem Maße die Möglichkeit hat, satt zu werden und auch das Essen am Tisch zu üben.
- Erlaube deinem Kind, am Boden oder im Kinderzimmer zu essen, wenn du dich damit wohlfühlen kannst, und begleite dies gerne. Es wird schon noch zu euch an den Tisch finden, wenn es mehr Spaß an Gesprächen und dem Miteinander hat.
- Ab dem Kindergartenalter und erst recht in Richtung Vorschulzeit kannst du deinem Kind auch erzählen, wie wichtig es dir wäre,

dass ihr die Mahlzeit gemeinsam verbringt, dass alle mal zu Wort kommen, dass zusammen geschlemmt wird. Vielleicht könnt ihr zusammen einen guten Weg finden. Was wünscht sich dein Kind?

- Kommt zur Bewegungsfreude noch Redespaß dazu, versucht spielerisch Rituale zu etablieren, bei denen ein „Redestab“ weitergegeben wird, damit alle zu ihrem Recht kommen. So sichtbar gemacht, ggf. auch wieder mit Unterstützung einer Sanduhr, kann dein wildes Kind dies besser annehmen.

Zu den Themenbereichen Schlafen, Trockenwerden und Essen gebe ich dir keine eindeutigen Altersangaben mit, denn die mögliche Breite ist hier einfach zu groß, und du solltest keinen Druck von außen verspüren, sondern ganz dich und das Kind wahrnehmen. Hast du den Eindruck, einer der Themenbereiche hinkt stark hinterher und beeinträchtigt den Alltag und vor allem die Selbstständigkeit deines Kindes? Dann solltest du ihn intensiver angehen und dich eventuell beraten lassen.

Geschwistereifersucht

Dein forsches Kind ist nicht dein einziges und das Thema Geschwisterstreit und -eifersucht bestimmt euren Alltag über alle Maßen, weil der Wildfang so heftig agiert? Der wichtigste Aspekt ist hier, dass dein wunderbares wildes Kind keine Verantwortung trägt und erst recht keine Schuld. Die Geschwistersituation hat es sich nicht ausgesucht und muss genauso damit zurechtkommen wie alle anderen in der Familie. Du arbeitest mit ihm daran, dass es sein Temperament besser händeln kann und sein Selbstbewusstsein sich gesund entwickelt – das ist die beste Grundlage.

Beachte hinsichtlich der Geschwistersituation außerdem Folgendes:

- Vermeide offene Vergleiche zwischen deinen Kindern sowie offenes Favorisieren des einen bzw. bestimmter Eigenschaften bei ihm. Verbitte dir auch das Vergleichen durch Verwandte oder Fremde. Kein Suchen nach Unterschieden oder Vorteilen auf der anderen Seite bringt ein forsches Kind irgendwie weiter; es hinterlässt nur schlechte Gefühle.
- Bedränge keines deiner Kinder damit, Aufsicht und Verantwortung für das andere übernehmen zu müssen. Freiwillig ist das eine schöne Aufgabe, aber erzwungen kann es sehr ablehnende Gefühle aufkommen lassen.
- Arbeite mit deinen Kindern an lösungsorientiertem Streiten, gewaltfreier Kommunikation und an guten Regeln für euren Familienalltag, eventuell mit weiterführender Literatur. Nutze Bindungsspiele, aber stelle ihnen auch getrennte Örtlichkeiten bzw. Rückzugsmöglichkeiten zur Verfügung. Schütze ein eher ruhigeres Kind unbedingt, ggf. mit einem eigenen Bereich auf oder unter einem Hochbett, einem Vorhang oder auch Gehörschutz.
- Für den täglichen Streit um Gegenstände kannst du außerdem Sanduhren etablieren: Solange der eine das Spielzeug hat, besorgt der andere eine Sanduhr und beobachtet den Durchlauf, dann wird gewechselt. Du aktivierst deine Kinder, ihren Streit aktiv zu lösen. Bald fällt ihnen die Sanduhr von allein ein – und nach dem dritten Mal Umdrehen hat das besondere Ding seine Bedeutung verloren.
- Versuche, 1:1-Zeiten mit jedem Kind zu ermöglichen. Qualität geht hier über Quantität. Kannst du dein Kind ohne andere erleben, so kannst du dich ganz auf seine Person und Wünsche fokussieren, ohne das Geschwistergeflecht im Blick haben zu müssen. Suche möglichst auch mindestens eine weitere Bezugsperson, die deinem forschen Kind solch gute Zeit bieten kann, z. B. eine Leihoma oder ein Leihopa.

Andrea (37), Mutter von zwei Kindern (4, 6), über die Schwierigkeit, ganz für ihren Sohn da sein zu können

„So richtig eine gute Strategie haben wir alle noch nicht gefunden. Sich 1:1 mit ihm allein zu beschäftigen, funktioniert gut – ist aber leider nicht immer möglich. Im Kindergarten kommen 18 Kinder auf eine bis zwei Kindergärtnerinnen (so wie das in der Schule auch der Fall sein wird) und auch zu Hause kann ich mich nicht immer gut zwischen beiden Kindern aufteilen. Ihn aufs Zimmer zum Hörspiel hören schicken, würde recht gut funktionieren – aber das empfindet er als Strafe."

Sei nachsichtig mit dir, wenn du Phasen hast, in denen du dich vielleicht einem ruhigeren Kind näher fühlst als dem forschen. Deswegen musst du kein schlechtes Gewissen haben. Unser Körper reagiert intuitiv ablehnender auf Anstrengendes, allein schon aus Selbstschutz. Mach dir das bewusst und achte darauf, dass daraus keine tiefen Gräben werden, indem du immer wieder auf die angenehmen Seiten deines Kindes achtest.

Bewegen und Berühren

Übermütige Kinder sind deutlich unfallgefährdeter und bringen sicher öfter eine verpflasterte Stirn oder auch mal einen Gipsfuß mit nach Hause. Nimm deinem Kind die Bewegungsfreude aber nicht. Weiche nicht aus Bequemlichkeit oder Sorge auf Auto oder Kinderwagen aus. Dein Kind sollte sich üben und entsprechende Wege nutzen dürfen.

- Risikobewusstsein entwickelt sich nicht vor dem vierten Geburtstag, und auch dann sind Kinder lange nicht so vorausschauend wie Erwachsene. Bei einem jüngeren wilden Kind kannst du also kaum Vorsicht erwarten. (Scheinbar vorsichtige Kinder sind einfach zögerlich aufgrund eines ängstlichen Wesens.) Und auch bei einem älteren Kind wird es bis ins Grundschulalter hinein dauern, bis es Risiken vermeidet, weil ihm das mögliche Ausmaß schon im Vorhinein klar ist.

- Sicherheit erlangt man durch Übung: Geht so viele Wege wie möglich zu Fuß. Ein geschobener Puppenbuggy hilft manchmal dabei, auf dem Weg zu bleiben und auch etwas Strecke zu schaffen. Ausflugsorte sollten verkehrsarm und nicht überfüllt sein, damit dein Kind losstürmen kann. So bleibt auch Kooperationsbereitschaft übrig für die Etappe entlang der großen Straße.
- Trifft dein Kind bei diesem Üben auf sehr riskante, schwierige Situationen, prägt sich im Erleben viel besser ein, was gefährlich ist, als wenn das Kind dies nur gesagt bekäme. So wird zukünftig immer besser abrufbar sein, welche Unternehmungen mit Gefahr verbunden sind und welche Risiken sich wie vermeiden lassen. „Learning by doing" trifft hier absolut ins Schwarze!
- Lässt sich Straßenverkehr nicht vermeiden, ist Aufmerksamkeit das A und O: Sag nicht dauernd, wo ihr abbiegen müsst oder dass die Ampel rot ist, sondern beziehe dein Kind mit ein. Gerade wilde Kinder sind gerne Bestimmer. Das kannst du nutzen: Denn wer gut aufpasst und die Regeln kennt, darf auch Ansagen machen. Also übt, Autos, Schilder, Radwege und Ampeln zu beachten, und plane Zeit ein, um auch mal neue Wege zu gehen, die dein Kind aussucht.
- Vereinbart, dass Wettkampfspiele nur auf ungefährlichen Teilstrecken erlaubt sind.

0–3 Jahre

- Nutze lieber ab und an eine Sicherheitsleine (trotz negativer Sprüche von anderen), als zu viel zu vermeiden oder verbieten zu müssen.
- Lass dein Kind klettern sowie dabei auch nass und dreckig werden, ohne es zu schimpfen oder gar auszulachen.
- Gibt es in der Nähe einen Turnverein mit psychomotorischer Ausrichtung, dann schaut ihn euch an: Hier kann dein Kind seinen Körper angeleitet und in guter Umgebung besser einschätzen lernen.
- Hat dein Kind ständig Unfälle und schafft es nicht, sich auszubremsen, sprich eure Kinderärztin an. Ergotherapie könnte der

richtige Weg sein, an Motorik und Wahrnehmung zu arbeiten. (Selbstverständlich sollte auch alles Organische begutachtet werden. Manchmal wird fachärztliche Diagnostik, die über die Vorsorgeuntersuchungen hinausgeht, nicht angestoßen. Dann bitte du darum.)

Bewegen ohne Risiko bedeutet auch, dass dein Kind die eigenen und fremden Grenzen kennenlernen muss. Fremde Grenzen wird dein Kind aufgrund seines Temperaments nicht so leicht allein erfühlen können, aber du bist ja Unterstützung:

- Zunächst sollte dein Kind lernen, sich selbst abzugrenzen. Dazu ist es wichtig, dass es „Nein" sagen darf, wenn es ein Nein-Gefühl hat, und dass dies unter allen Umständen akzeptiert wird, es sei denn, seine Gesundheit ist betroffen. Auf dieser Grundlage kann dein Kind dann die Grenzen anderer verstehen.
- Des Weiteren muss dein Kind erleben, wie andere sich abgrenzen und dies Beachtung findet. Das heißt, du kannst sowohl anhand von (Wimmel-)Büchern als auch im tagtäglichen Miteinander immer wieder anführen, warum jemand etwas nicht möchte, wie er sich dabei fühlt, warum die anderen sich hier zurücknehmen müssen usw. Je selbstverständlicher das Thema bei euch ist, desto besser kann dein Kind das nach und nach verstehen und umsetzen.
- Wichtig ist, Ablehnung nicht persönlich zu nehmen. Das heißt, einerseits solltest du deinem Kind immer signalisieren, dass es frei bestimmen und auch ablehnen darf, und andererseits solltest du immer wieder mit ihm erspüren, dass die Ablehnung anderer *für sich* und *nicht gegen dein Kind* geschieht.
- Wenn jemand deinem Kind zeigt, dass er bestimmte Berührungen, Bewegungen oder Nähe nicht möchte, sollte es von dir lernen, wie es reagieren kann. Denn Ablehnung führt bei kleinen Kindern schnell zu aggressiven Reaktionen: Dann haut oder brüllt es erst recht. Aber wenn es die Energie auf die eigenen Beine hauen oder mit den eigenen Füßen in die Erde stampfen kann, kommt es zu weniger Konflikten. Übt miteinander!

Am besten gelingt es, zu erspüren, was andere brauchen, wenn man diese Gefühle selbst kennt und regulieren kann. Das lernt dein Klein- oder Kindergartenkind noch und die geistigen und emotionalen Voraussetzungen dafür müssen über die Jahre in ihm reifen.
Also lass dich nicht stressen:
Es ist normal, dass ganz viele Kinder im Vorschulalter in diesem Bereich in ihrem Verhalten Grenzen übertreten.
Dein Kind ist deswegen nicht „falsch".

Körperkontakt sollte nie als komplett negativ aufgefasst werden, denn diese Art der Nähe ist grundlegend wichtig für alle Menschen. Ihr könnt etwa ab dem Kindergartenalter üben, wie Kontaktaufnahme funktionieren kann: Fragen wäre natürlich das Optimale, aber für ein kleines Kind kann eine Geste sinnvoller sein. Möchte es mit jemandem gemeinsam körperlich aktiv werden oder wünscht sich eine Umarmung, so kann eine erste Berührung an der Schulter die Einstiegsfrage sein. So lässt sich spüren, ob der Andere Kontakt mag. Und du kannst mit ihm überlegen, wie dein Kind anderen zeigen kann, wozu es Lust hat, und wie dein Kind seine Bewegungs- oder Berührungslust allein ausleben kann, wenn der Andere nicht mitmachen möchte.

Sei sensibel für das körperliche Nähebedürfnis deines Kindes und mach andere darauf aufmerksam, wenn Vorwürfe kommen. *„Das ist ein bisschen viel für das Alter!"* oder *„Andere bekommen im Vergleich ja viel weniger!"* – sagt wer? Es ist das, was dein Kind braucht und sucht. Berühren hilft ihm, sich selbst besser zu spüren. Wichtig ist, wie ihr das umsetzt: spielerisch, sportlich, lustig, entspannend, kuschelnd. Biete das an, was du leisten kannst, und zeige anderen, welche Alternativen ihr gefunden habt, die weniger übergriffig ankommen als die eigentlichen Muster deines Kindes.

Alltag zwischen Spielgruppen, Urlaub und Freundschaften

Dein wunderbares wildes Kind liebt es sicher, in die Welt hinauszugehen, Zeit mit anderen Menschen zu verbringen und Input zu bekommen. Die Übererregung und das ständige Anpassen an die Mitmenschen bedeuten aber andererseits auch jede Menge Anspannung und Stress. Darum braucht es hier vor allem ...

- eine gute Dosis und keinen zu vollen Wochenplan,
- gut ausgewählte Orte und Angebote sowie passende Vorbereitung,
- Phasen der Bewegung zwischen Terminen, z. B. durch möglichst viele Fußwege,
- Phasen der Entspannung, damit der Körper deines Kindes beides kennenlernt und dein Kind später von sich aus einen Wechsel von Stress zu Pause vornehmen kann,
- Zeit und Raum zum Üben guter Strategien sowie Verständnis für den langwierigen Weg.

Erst wenn dein Kind das Üben vermehrt verweigert, ist aus Temperament und Reaktionen eine Problematik geworden, die eventuell professioneller Hilfe bedarf.

Spielgruppen

0–3 Jahre

Braucht man eine Spielgruppe? Das ist eine gute Frage, und sie ist nicht einfach zu beantworten, auch wenn manche Menschen dir das vielleicht suggerieren. Die einen sagen *„Ja, sonst igelt man sich doch ein!“*, die anderen finden *„Nein, das schränkt durch die vorgegebenen Zeiten und Abläufe ein!“* Probiere es aus, wenn du dir nicht sicher bist.

Eine gute Spielgruppe ist ein fester Anlaufpunkt in der Baby- oder Kleinkindzeit. Sie kann sehr positiv sein, gerade wenn dein Umfeld sonst nicht so viele Möglichkeiten bietet, auf andere Eltern zu treffen und Sorgen und Fragen loszuwerden. Du kannst durchatmen und bewusst Exklusivzeit mit deinem Kind verbringen, falls zu Hause noch weitere sind. Dein Baby oder Kleinkind kann sich im besten Fall motorisch ausprobieren, mit anderen Kindern und Erwachsenen interagieren und du lernst Spielideen kennen. Aber natürlich kann so eine Gruppe auch stressen: Vielleicht ist der Raum zu eng oder bietet Tücken, eventuell sind die Vorgaben der Gruppenleitung einschränkend und die Person insgesamt unangenehm, womöglich stressen euch die Zeitvorgaben oder jemand aus dem Kreis der anderen Eltern. Es kann gut sein, dass dein wildes Kind dort eher Stress erlebt, anstatt dass du einen Mehrwert für euch spürst.

Das kannst du aber erst wissen, wenn du es ausprobiert hast. Hier helfen Erfahrungsberichte von anderen nicht weiter. Ein Kind mit eher forschem Temperament wird dem Neuen gegenüber wahrscheinlich sehr aufgeschlossen sein. Also teste doch einfach mal und suche dir möglichst ein Angebot, das dich nicht gleich langfristig festlegt, damit du auch nach wenigen Stunden wieder aussteigen könntest. Freie Angebote, bei denen man nicht fest bucht, werden aber oft unregelmäßig von ganz unterschiedlichen Leuten genutzt, sodass es viel Unruhe geben kann, die deinem Kind vielleicht nicht guttut. Manchmal sind auch die Gruppenleitungen dort nicht geschult, sodass ein fester Kurs deutlich mehr bietet, wenn er finanzierbar ist.

Falls dein wildes Kind neugierig gestartet ist, weil es neue Menschen, Dinge und Aufgaben liebt, kommen andere Herausforderungen auf dich zu. Manche Eltern können gemütlich am Rand sitzen und sich unterhalten. Aber sobald dein Kind motorisch fitter wird, bist du wahrscheinlich ständig auf der Hut, musst eingreifen, regulieren, etwas wegnehmen und wirst aus Unterhaltungen gerissen. Was ist hier wichtig für dich? **Schützen und unterstützen!**

- Versuche, nicht zu schnell aufzugeben. Der Kurs ist auch wichtig für dich als begleitender Elternteil. Lass dich weder von deinem

Kopf noch von anderen nervös machen. Du musst deine Rolle im Umgang mit deinem wilden Kind noch finden, und die Welt ist oft nicht auf forsche Kinder ausgelegt.

- Versuche, früh anzukommen, damit ihr die Ersten im Raum seid und dein Kind nicht zusätzlich Stress hat, sich zwischen anderen positionieren zu müssen. Es kann sich nach und nach auf alle einstellen, die hinzukommen.
- Gib euch bei jedem Treffen Zeit, regulierend zu starten. Das heißt, du signalisierst den anderen Eltern klar, dass du Redebedarf und Lust auf Austausch hast, aber erst ganz mit deinem Kind ankommen magst und mögliche Herausforderungen erkennen willst.
- Kommen da schon Bemerkungen von anderen, kannst du entweder versuchen, sie zu ignorieren oder aber sie sofort anzugehen: Erzähl, was du gelernt hast – nämlich dass ein besonderes Temperament besondere Unterstützung erfordert und du sie deinem Kind gerne geben möchtest.
- Gibt es im Verlauf eher Kommentare zum Kind als zu deinem Verhalten, versuche auch hier, sofort zu reagieren: Es hat gebissen, ist besonders laut, nimmt den anderen ständig etwas weg? Stelle gleich klar, dass Kinder in diesem Alter weder bösartig noch „schlecht erzogen“ sind, sondern dass es lange Zeit benötigt, um mit einem fordernden angeborenen Temperament sozial verträglich zurechtzukommen sowie, dass du darum weißt und dir größte Mühe gibst, ungute Momente zu verhindern.
- Vielleicht kannst du die anderen auch mit ins Boot holen und ihnen Mitverantwortung geben. Alle haben Augen und Ohren und können darauf achten, was sich zwischen den Kindern entwickelt. Sie können versuchen, rechtzeitig zugewandt (!) einzuschreiten. Ist jemand grob zu deinem Kind, zeige der Person, wie es anders gehen kann.
- Rituale können deinem Kind helfen, nicht ständig über die Stränge zu schlagen. Habt Tröster dabei wie Kuscheltiere oder -tücher. Starte bei einem älteren Kind mit den herausfordernden Aufbauten und fordere dann eine Pause ein. Wenn dein Kind spürt, dass

es gleich zu Beginn übermutig sein durfte und das Versprechen bekommt, dass es sich auch am Ende noch mal austesten darf, wird es tendenziell eher eine Pause akzeptieren.

- Ist dein Kind deutlich überreizt, probiere nicht so viel aus, um das wieder ins Lot zu bringen, sondern beende lieber die Spielgruppe für dieses Mal.
- Wenn du aber gar nicht mehr kannst und magst, weil die anderen Eltern oder dein Kind dich zu sehr fordern oder die Gruppenleitung keine Stütze ist, beende eure Besuche. Vielleicht könnt ihr einen späteren Einstieg versuchen oder ein anderes Konzept, z. B. eine Waldgruppe, ausprobieren.

„Aktives Annehmen“ ist eine wichtige Überlebensstrategie für alle Eltern, besonders für diejenigen mit sehr fordernden Kindern. Das meint nicht, dass man lethargisch wird und hinnimmt, wie anstrengend das kindliche Verhalten oder der Alltag sind, aber dass man damit rechnet, dass das stressende Verhalten auftreten wird. Geschieht es nicht, kann man sich freuen. Geschieht es doch, ist man nicht enttäuscht und hat außerdem einen Plan im Kopf, damit umzugehen.

Die Leitung der Gruppe ist ein wichtiger Faktor. Informiere sie gleich in der Kennenlernphase freundlich, aber bestimmt darüber, was dein Kind ausmacht und wobei es eine engere Begleitung benötigt. Auch den anderen Eltern kannst du während der Kennenlernrunde eine erste Erklärung geben. Vielleicht wird jemand mit den Augen rollen oder sofort *den einen* Supertipp loslassen. Lass dich von niemandem verunsichern. Du bist der Experte für dein Kind! Im besten Fall kann die Leitung sich empathisch auf dein Kind einlassen, hat schon Erfahrung mit anderen wilden Kindern und Ideen, um euch beide zu begleiten sowie deeskalierend in der Gruppe zu wirken.

HILFREICHE GRUPPENLEITUNG – INTERVIEW MIT ANNE GRUND

Sie leiten seit Jahren Spielgruppen und haben viele Erfahrungen mit sehr wilden Kindern gemacht. Inwiefern kann eine Gruppenleitung das Kind dabei unterstützen, vom Kurs zu profitieren? Und wie können Sie den begleitenden Elternteil stärken, wenn sein Kind immer auffällt, weil es laut ist oder sogar beißt?

Wilde und temperamentvolle Kinder gibt es in fast allen Gruppen. Und diese meist sehr bunte Mischung empfinde ich als positiv, trägt sie doch letztendlich dazu bei, dass Kinder früh lernen, sich mit den unterschiedlichsten Temperamenten auseinanderzusetzen.

Wenn diese temperamentvollen Kinder auffallen, geschieht dies meist in einer Konfliktsituation mit anderen Kindern: Das Kind nimmt beispielsweise Spielsachen weg, schlägt, beißt oder schubst. Erwachsene urteilen oft zu schnell und rücken das „wildere" Kind in ein negatives Licht – sie VERurteilen.

Wichtig ist in einem solchen Rahmen, genau hinzuschauen und herauszufinden, um welche Bedürfnisse es gerade geht. Hierfür kann die Gruppenleitung die Teilnehmenden zum bewussten Beobachten der jeweils eigenen Kinder sowie aller Kinder aus der Gruppe animieren und unterstützend Hilfestellungen geben, womit sich die Kinder gerade beschäftigen beziehungsweise welche Handlungsmuster und Lernprozesse gerade durchlaufen werden. Mit etwas Übung gelingt es den Eltern in der Regel immer leichter, diese selbst zu erkennen und die Kinder besser in ihren Handlungen zu verstehen.

Beim genauen Hinsehen wird zum Beispiel deutlich, dass das temperamentvolle Kind vielleicht gerade einen Turm bauen wollte und sich von anderen Kinder gestört fühlte, womöglich brauchte es für sein Bauwerk insbesondere ein Element, das ein anderes Kind gerade in den Händen hielt, eventuell wollte es auch mitspielen, wurde aber ausgegrenzt.

Kognitiv sind Kinder in dieser Phase noch nicht in der Lage, ihre Bedürfnisse verbal mitzuteilen, und nutzen, wenn sie sich unverstanden fühlen, derartiges Verhalten, um auf sich und ihre Bedürfnisse aufmerksam zu machen. In den seltensten Fällen wollen sie bewusst anderen Kindern Leid antun.

Die Gruppenleitung kann den teilnehmenden Eltern diese Verhaltensmuster erklären und in der konkreten Situation verdeutlichen. Durch das gemeinsame Beobachten werden idealerweise alle Eltern zu einem positiven und verstehenden Blick auf das Kind hingeführt.

Wird die Spielsituation oder der Konflikt deutlich, kann man sich als Erwachsener in das Geschehen einbringen und den Kindern jeweils die Bedürfnisse schildern beziehungsweise hinterfragen und so gemeinsam zu einem Konsens finden.

Eltern von temperamentvollen Kindern kann ich nur empfehlen, ihr Kind empathisch zu begleiten, es wirklich verstehen zu wollen, sich wenn nötig in die Konfliktsituation einzuschalten und die Kommunikation der Kinder hilfestellend und bedürfnisorientiert zu übernehmen – und im Zweifel anderen Eltern zu erklären, warum ihr Kind gerade entsprechend gehandelt hat.

Bitte die Kursleitung genau um solch eine Unterstützung, wenn sie es nicht von sich aus anbietet.

Hobbys

ab 3 Jahre

Besuchst du mit deinem Kleinkind einen Hobby-Kurs gemeinsam, helfen dir die Tipps zur Spielgruppenzeit. Nach dem dritten Geburtstag beginnen aber viele Kinder ohne elterliche Begleitung mit einem ersten organisierten Hobby. Diese Angebote zu nutzen, ist für dein Kind sinnvoll. Seine Lust auf Neues und andere Reize kannst du allein oft gar nicht erfüllen und sie macht es ihm oft leichter, woanders anzukommen. Bestehende Leidenschaften zu fördern oder auch neue Talente zu entdecken, ist grundlegend stärkend für jeden Menschen und sein Selbstwertgefühl – besonders auch für wilde Kinder, die anderswo vielleicht oft Gegenwind und Kritik spüren. Neben der Sache an sich lernen unsere Kinder über Hobbys auch weitere Bezugspersonen und Beziehungsmuster kennen, was ihnen Sicherheit geben und ihr soziales Lernen voranbringen kann.

Selbst wenn eine Veranstaltung (erst mal noch) mit Eltern stattfindet, sind Orte, Menschen und vieles mehr neu, was reizvoll, aber auch herausfordernd ist. Denn dein wunderbares wildes Kind muss mit seiner Impulsivität dort zurechtkommen. Die meisten Hobbys bieten nur noch eine elternbegleitete Kennenlernphase, danach sind die Kinder allein dort. Daher solltest du einiges bedenken:

- Die Veranstaltung muss wirklich zu euch passen, schon von den Settings her: keine zu große Entfernung, keine Uhrzeiten, die euch stressen, keine unübersichtlichen Aktivitäten.
- Auch räumlich sollte der Kurs überschaubar sein oder direkt draußen stattfinden. Verwinkelte Orte, riesige Hallen ohne Struktur, unklare Wege zu Toiletten oder Trinkgelegenheiten können zusätzlichen Stress verursachen. Outdoor-Aktivitäten helfen fast allen Kindern, ob mit oder ohne besonderes Temperament, kooperativer und gelassener mit anderen umgehen zu können.
- Jüngere Kinder musst du nicht zu weit im Voraus einstimmen. Begleite den Moment, erfülle Grundbedürfnisse (Satt? Ausgeschlafen?) – du musst nicht alle Details vorher wortreich erklären. Ab dem Kindergartenalter kannst du stärker ins Miteinander gehen, Fotofunde aus dem Netz nutzen und Strategien besprechen. 0–2 Jahre
- Check den Ort ab und lerne mit Kind alles kennen, bevor die Aktivität startet. Dann ist die Aufregung geringer. Vielleicht kannst du auch im Vorfeld mit deinem Kind einmal hinfahren, so wie du es bei einer neuen Kita oder Schule auch machen würdest. Wie ist der Weg? Wo hält der Bus? Wo kann man parken? Was ist Spannendes im Umfeld, das man eventuell vorab angucken kann? ab 3 Jahre

- Kommt möglichst nicht viel zu früh, aber dennoch mit als Erste zum Kurs. Dann habt ihr keinen Leerlauf, der dein Kind fordert, aber ebenso wenig eine schon bestehende Gruppensituation. Mit seinem Temperament kann es auf diese Weise einigermaßen entspannt ankommen.
- Besprich ggf. mit der Leitung, welches Temperament dein Kind mitbringt und welche Strategie und was für ein Umfeld ihm helfen. Vielleicht ist das möglich, ohne dass dein Kind zuhört. Mal sein mögliches Verhalten dabei nicht zu schwarz, sondern setze den Fokus darauf, welche Hilfestellungen zuverlässig helfen: z. B. ein Platz weit vorne, eine Berührung zeitgleich mit Handlungsanweisungen, Bewegungspausen …
- Vielleicht findest du auch Rituale, die die Aktivität umrahmen können. Weiß dein Kind, dass ihr vorher immer die lange Treppe nebenan einmal rauf- und runterhüpft, drinnen mit einem lustigen Lied das Umziehen angenehmer macht, später immer noch eine Weile vorm Kursraum sitzt und euch Kekse teilt, bleibt weniger freier, unklarer Raum für Impulsivität und ganz viel Raum für Verbindung.
- Brich den Kurs ab, wenn einer von euch beiden nicht genug Kraft hat, um an diesem Tag mit den Anforderungen des Temperaments umzugehen. Du musst niemandem beweisen, dass alles immer funktioniert, und du musst auch nicht jede bezahlte Minute ausnutzen.
- Schließen andere Kinder deines aufgrund seiner Art aus, oder bewerten andere Eltern dein Kind, stecken es in eine „Schublade“, dann brauchst du einerseits einen starken Rücken. Sei dir bewusst, was an deinem Kind besonders ist und was es dabei braucht. Signalisiere auch, dass ihr an den Punkten arbeitet, die andere betreffen und einschränken.
- Andererseits solltest du so einen Verlauf aktiv annehmen: Hol frühzeitig die Leitung mit ins Boot, um tiefe Gräben gar nicht erst entstehen zu lassen, suche Kontakt zu den anderen Familien, erkläre die Situation, schreibe ggf. auch einfach einen Brief (siehe

Muster auf Seite 123). Aufgeben (aus Selbstschutz und bei Ausweglosigkeit) sollte erst die letzte Option sein.

Achte darauf, dass du nicht überbehütend wirst: Dein Kind braucht Unterstützung, ein sensibles Umfeld, aber niemanden, der alles für es löst. Du ebnest den Weg, doch solltest deinem Kind dann einen Schubs geben, Zutrauen zeigen und vor allem auch „Fehler“ zulassen. Sie gehören zum Üben dazu!

Was kann dein Kind tun, wenn es wegen Lautstärke ermahnt oder wegen Übermut ausgebremst wird?

ab 4 Jahre

- Im ersten Schritt sollte es sich nicht zu schlecht fühlen deswegen, denn das kann Traurigkeit oder Wut auslösen. Dein Kind sollte von dir hören, dass sein Temperament (nicht es selbst!) dich und andere oft fordert, aber ihr den Umgang damit üben wollt. Genauso wie das Kind übt. Vielleicht kann ihm eine Geste helfen, sich zu erinnern, dass es sich nicht zu schlecht fühlen muss: Bei Schimpfen und Ermahnungen helfen Zuneigung und Berührung. Durch eine Bezugsperson oder das Kind selbst. Kannst du mit ihm üben, dann mit einer Hand die andere zu fassen und zu streicheln oder auch den Arm? Das fällt gar nicht groß auf.
- Im zweiten Schritt sollte dein Kind ins Tun kommen: Es war zu laut, es war zu forsch, weil es Spaß hatte, ein Ziel verfolgte oder verärgert war. Ideal wäre eine Gruppenleitung, die hier einsteigt und deinem Kind dabei hilft, auf den Pfad zurückzukommen: „*Wozu bin ich hier?*“ Denn allein wird es das in dem Alter noch nicht gut schaffen. Vielleicht kannst du ihm aber eine Stütze geben, in derlei Momenten entweder die Nähe zur Leitung zu suchen und Hilfsbedürftigkeit zu signalisieren oder aber sich erst mal kurz hinzusetzen, bevor es wieder einsteigt. Sollte das Probleme verursachen, erläutere der Leitung eure Strategie.

Wie kann dein Kind darauf achten, niemandem „übergriffig“ und distanzlos zu begegnen?

- Frag dein Kind, ob es eigene Ideen hat, bevor du welche entwickelst.
- Ziel wäre natürlich, dass ihm diese Art der Grenzüberschreitung nicht mehr bzw. seltener passiert. Im Vorschulalter ist es aber schwer möglich, das über Nachdenken zu erreichen: Wo die Grenze des anderen ist, kann dein Kind sich noch nicht überlegen, und auch wie laut oder grob es wirkt, kann es sich nicht ausmalen. Du kannst aber dein Kind daran erinnern, in Situationen ohne enge Begleitung durch dich oder andere Erwachsene einen großen Schritt weit Abstand zu den anderen Kindern zu halten, wenn es Aufregung in sich spürt. Das kann ihm eine Art bildliche Hilfe sein und etlichen unguten Momenten vorbeugen.
- Übergriffig und distanzlos reagiert dein Kind vermutlich am ehesten dann, wenn man ihm zu nahe kam oder es sehr aufgedreht ist. Beidem ist gemeinsam, dass dein Kind dann sehr viel Anspannung spürt – Energie, die raus muss. Also braucht es Alternativstrategien: Was in diesem Alter immer möglich sein sollte, ist Bewegung. Springen, stampfen oder sich bücken und mit den Händen auf den Boden hauen vielleicht. Das könnt ihr zu Hause am besten üben, indem du mitmachst.

Besorgte Eltern

Gibt es andere Eltern, die dein Kind sehr negativ wahrnehmen und offen oder auch unterschwellig schlecht über es reden, vielleicht sogar Stimmung gegen dein Kind (und dich) machen, ist ein persönliches Gespräch sinnvoll. Eine hoffentlich neutrale Person wie die Kursleitung sollte dies begleiten. Ziel ist, dass die anderen Eltern spüren, dass du um das Temperament deines Kindes weißt und ihr miteinander daran arbeitet sowie dass die anderen Eltern sich und ihr Kind in den Bedürfnissen gesehen fühlen. Gegenseitiges Verständnis ist viel wert.

Gerade in emotionalen Momenten bei aufwühlenden, persönlichen Themen ist ein Gespräch nicht jedem möglich. Wenn du dich dazu nicht überwinden kannst, wäre eine Alternative ein erklärender Brief. Hier folgt ein Musterbrief, den du auf euch angepasst als Kontakteinstieg nutzen kannst:

Liebe ...,

es wirkt auf uns so, als würdet Ihr unser Kind als sehr herausfordernd wahrnehmen und vielleicht auch als einschränkend oder gar „gefährlich" für Euer Kind. Uns ging es auch lange so, aber wir wissen inzwischen, dass nicht unser Kind anstrengend ist, sondern sein Verhalten. Es hat von Geburt an ein wildes, forsches und impulsives Temperament. Das daraus resultierende Verhalten ist in sozialen Situationen und in der Familie beschwerlich für die anderen.

Wir sind zwischenzeitlich aber gut informiert und haben uns beraten lassen, um unser Kind zu verstehen und ihm die richtigen Strategien mitzugeben, nach und nach besser mit seinen Eigenarten zurechtzukommen. Es braucht dafür kontinuierliche Hilfe, enge Begleitung, Einüben guter Strategien, aber auch ein verständnisvolles Umfeld und vor allem Zeit.

Es tut uns leid, dass dies für Euch teilweise unangenehm ist. Das würden wir uns anders wünschen. Wir hoffen dennoch, dass Ihr nach unseren Erklärungen etwas wärmer auf unser Kind zugehen könnt. Seid Euch sicher, dass wir es gut im Blick haben und es nicht vernachlässigen. Gerne tauschen wir uns mit Euch aus, damit wir einander besser verstehen und vielleicht gute Ideen fürs Miteinander entwickeln können.

Danke für Euer Verständnis. Sollen wir mal telefonieren?

Viele Grüße

...

Selbstverständlich gelten die Tipps zum Gespräch und der Impuls zum Brief auch für die Grundschuljahre. Erst in der Pubertät wird es noch mal diffiziler, weil Teenager*innen eigenständiger in die Welt hinausgehen.

Spielplatz und Schwimmbad

Freizeit wird im Vorschulalter und in den Kleinkindjahren größtenteils unorganisiert, frei verbracht, und das ist für dein wunderbares wildes Kind gut. Wichtig ist, dass es von dir ausreichend Impulse bekommt, um sich wohl und erfüllt zu fühlen. Das Setting sollte dabei möglichst klar und auf seine Bedürfnisse abgestimmt sein: *„Nicht zu viel“* ist hier dein Merksatz.

GLÜCKSGEFÜHLE

Das Hormon Dopamin sorgt bei uns allen für Glücksgefühle. Bei wilden, impulsiven Kindern wird die Wirkung intensiver als bei anderen, wenn ein Ereignis noch besser ist als erwartet. Sie lässt aber auch schneller nach als bei anderen. Das heißt, die wilden Kinder brauchen öfter Input von außen und stärkeren Nervenkitzel als andere, um sich wohlzufühlen. Du musst deinem Kind diese Gelegenheiten geben – eingebettet in einen hilfreichen Rahmen.

Ein voller Spielplatz mit besonders herausfordernden Geräten bietet großartige Anreize, die für dein Kind himmlisch sein können. Besonders auch Schwimmbäder mit dem gruselig-schönen Wasser, dem Risiko der Tiefe und der steilen Rutsche warten geradezu auf das wilde Menschlein. Es saust kontaktfreudig und aktiv los!

Doch all dies birgt auch Gefahren: Dein Kind ist überreizt oder reagiert über, verletzt sich vielleicht, du bist überfordert und es entsteht eine spannungsgeladene Gruppendynamik unter den Anwesenden.

Hannah, Mutter von drei Kindern (1, 4, 6), über ihre Tochter (4)

„Wenn wir zusammen auf unserem Spielplatz im Dorf sind, gibt es eigentlich nur zwei mögliche Verläufe: Alle Kinder lieben unsere Tochter und machen genau das, was sie sagt, oder alle ‚hassen' sie regelrecht, weil sie zu aufbrausend und energiegeladen ist. Dann verbünden sich die anderen wie unsichtbar miteinander und sie hat keine Chance mehr. Leider kann man das nicht voraussehen. Das kann ich nur lösen, indem wir gehen, was nicht immer leicht ist. Aber sonst wird es zu heftig."

Nein, du kannst nicht alles voraussehen. Als Elternteil eines wilden Kindes musst du annehmen, dass Begleitung oft vonnöten ist und viel von dir abverlangt.

Wie kannst du Schwierigkeiten vorbeugen?

Örtlichkeiten: Suche die Orte, an die ihr geht, nicht leichtfertig aus. Ein verwinkelter Spielplatz, eine riesige Indooranlage, ein Schwimmbad mit etlichen Becken und Attraktionen ist in der Begleitung sicher herausfordernder als übersichtliche Orte. Suche sie nur auf, wenn du dich ganz auf dein Kind einlassen kannst und genügend Kraft aufbringst.

Wähle Orte, die nicht zu überfüllt sind oder Zeiten, an denen nicht zu viele Besucher*innen da sind. Damit unterstützt du dein Kind dabei, sich einlassen und konzentrieren zu können – und vielleicht die eine oder andere Strategie für Momente des Übermuts anzuwenden.

Loslegen: Macht euch nur auf den Weg, wenn die Grundbedürfnisse wie ausreichend Schlaf und Essen erfüllt sind (auch bei dir!).

Deinem Kind kann es helfen, wenn ihm klar ist, welche „Aufgaben" es hat und welche Möglichkeiten okay sind. Formuliere das nicht einschränkend, sondern hör heraus, was deinem Kind wichtig ist, und besprich eine Abfolge: Startet am hohen Kletterturm, wenn ihr noch frisch und konzentriert seid, und wechselt dann zu einfacheren Orten.

Kommt zusammen an. Schaut, was los ist, wie die Atmosphäre ist, was spannend ist, was stören könnte, was dein Kind tun möchte und darf. Deine Bedürfnisse (Platzsuche, Austausch mit anderen Eltern) kommen später an die Reihe.

Kommunikation: Gib deinem Kind Raum für sein Temperament! Und lass auch Platz für Konflikte mit dir oder anderen. Auseinandersetzungen sind Chancen, einander besser zu verstehen und für die Zukunft zu lernen. Streit ist anstrengend, aber lösungsorientiert geführt (GfK!) wichtig und richtig.

ab 3 Jahre

Ist dein Kind schon im Kindergarten- oder Vorschulalter, sprecht vorher über Schwierigkeiten, Regeln, mögliche Probleme und Lösungen. Erinnert euch an eure Strategien. Und werde vor allem nicht böse, wenn etwas davon nicht klappt. Suche nach der Ursache. Vielleicht musst du doch enger begleiten oder den Rahmen anders stecken, eventuell war die Situation anders als gedacht – und vielleicht warst auch du nicht so zugewandt, wie es hätte sein können! Das passiert. Ihr seid zusammen auf dem Weg, und Stolpersteine und Umwege gehören dazu.

Miteinander: Betreust du mehrere Geschwisterkinder oder auch Besucherkinder zusätzlich zu deinem wilden Kind, ist die Situation nochmals schwieriger. Übersichtliche Orte und helfende Hände, wann immer dies möglich ist, sind die beste Basis. Für den Transport unterstützt dich ein Fahrradanhänger oder Bollerwagen, um alle Kinder im Blick zu haben. Vor Ort ist zum Beispiel eine Picknickdecke als „Basis" gut. Und auch eine Trage hilft dabei, Hände und Aufmerksamkeit frei zu haben.

Konflikte mit Fremden kommen vor und sind nicht vermeidbar. Ist dein Kind alt genug, um in den Konflikt mit einem anderen Kind zu gehen, lass es zu, auch wenn es laut und handgreiflich wird. Schreite erst ein, wenn einer der Beteiligten zu hart angegangen wird. Konzentriere dich auf Lösungen, nicht auf Schuldzuweisungen.

Tritt der Konflikt mit einem Erwachsenen auf, steh an der Seite deines Kindes und unterstütze es bei der Kommunikation. (Denk an die GfK!) Hilf dabei, Auswege und Lösungen zu finden, und verlasst den Ort, wenn dies nicht möglich ist. Trag dein Kind zur Not auch weg, wenn es sich selbst nicht mehr regulieren kann. Der entscheidende Punkt ist, dass du das mitfühlend und ohne Härte und Vorwürfe schaffst.

Hast du den Eindruck, andere Leute beobachten dein Kind oder euch und kommentieren unangenehm, trau dich ruhig, das offen anzusprechen. Manchmal ist es überraschend, wie erschrocken die Menschen dann über sich selbst sind und wie gut die Kontaktaufnahme tut. Sprich ehrlich über dein Kind und seine Impulsivität, aber vergiss auch nicht, seine Vorzüge zu betonen.

Je nachdem, wo du genau mit deinem Kind bist und ob es dort entsprechendes Personal gibt, wie zum Beispiel den Bademeister im Schwimmbad, kannst du nachfragen, ob sie Ideen, Material oder anderweitige Unterstützung für dich haben – denn dein Kind ist sicher nicht das erste wilde, das dort Zeit verbringt.

Bernd, Vater einer Tochter (5), über ihre Teilnahme an einem Schwimmkurs

„Sie wollte unbedingt schwimmen lernen. Während viele andere Kurskinder wirklich bang am Rand standen, hatte das Lehrerteam mit ihr ein ganz anderes Problem. Immer, wenn es nur „Aufstellen" hieß, sprang sie schon ins Wasser, zappelte aber unsicher und ging auch unter. Diese Angstfreiheit hatte uns schon Sorgen gemacht und wir waren immer nur zu zweit mit ihr ins Schwimmbad gegangen. Aber zum echten Lernen fehlte ihr die Ruhe und uns ehrlich gesagt die Geduld. Ein Lehrer reagierte ziemlich unwirsch, weil er natürlich eine ziemliche Verantwortung zu tragen hatte, aber das machte ihr dann erst mal Stress. Doch der zweite konnte sie für sich gewinnen. Er machte immer ein bisschen Quatsch mit ihr „an Land", sodass beide lachen mussten. Danach konnte sie seine Gesten zum Bremsen am Beckenrand annehmen.

Es war gut, das Thema in professionelle Hände zu geben und auch, beim Kurs nicht dabei zu sein. Wir konnten nur von außen durch ein Fenster schauen, was aber die Kinder kaum mitbekamen. Ich war raus aus dem Blickfeld, und das half meiner Tochter dabei, sich auf den sympathischen Lehrer einzulassen, obwohl er streng sein musste."

Allein spielen

Dein wunderbares wildes Kind, das nicht genug von Ausflügen und Abenteuern haben kann, fällt auf, weil es seit einiger Zeit am Spielplatz immer allein bleiben will oder der Kindergarten berichtet, dass es ständig ohne andere spielt? Hinter diesen Sorgen steckt oft ein falsches Verständnis von kindlichem Spielverhalten. Es entwickelt sich von ganz allein, da Kinder spielend die Welt erobern und auch ihre Eindrücke auf diese Art verarbeiten. Bevor es kontinuierlich zum gemeinsamen Spielen mit anderen Kindern kommt, werden verschiedene Phasen durchlaufen, die nicht sozial aussehen, es aber sind: Alleinspiel kann uns vollkommen sinnfrei vorkommen. Dabei beobachtet das Kind aber, nimmt Gegenstände von anderen dazu, lauscht und macht nach. Das ist seine Vorstufe zur echten Interaktion und damit tatsächlich schon soziales Spielen, auch wenn es uns nicht so erscheint. Andere Kinder werden im Alter zwischen 3 und 5 Jahren immer mehr eingebunden – das kann also auch erst im Vorschulalter für dein Kind interessant sein und ist dann immer noch in der normalen Entwicklungsspanne. Gerade dein forsches Kind nutzt diese Strategie vielleicht, weil es sich mit Interaktion schwertut. Und erst wenn es sprachlich gereift ist und/oder sozial verträgliche Wege geübt hat, um mit seinem Temperament vor anderen besser bestehen zu können, wird es etwas an seinem Spielverhalten ändern wollen.

FORSCH HEISST EXTROVERTIERT?

Extrovertiertheit wird oft fehlinterpretiert und gleichgestellt mit Wildheit und Lautsein. Doch es gibt z.B. auch sehr schüchterne Menschen, die extrovertiert sind.

Extrovertiert zu sein bedeutet schlichtweg, dass jemand die Kraft zur Regeneration aus anderen Menschen und vielen Reizen zieht sowie Erholung von Stress nicht gut in sich selbst finden kann. Sie*Er braucht Unternehmungen mit Freunden, Sport mit anderen oder Gespräche und Austausch, um sich zu entspannen.

Sprich: Extrovertiertheit ist eine Beschreibung für ein Entspannungsverhalten, aber nicht fest verknüpft mit einem Temperament. Sie ist okay und kann ebenso wie das Temperament nicht verändert werden.

Hinsichtlich der oben genannten Entspannungsideen (10 Tipps zur Soforthilfe bei Wildheit, S. 35) kann es also sein, dass für dein Kind zur Ruhe und körperlichen Besinnung auch Springen, Rennen, Sport, Menschen hinzukommen können. Dann sucht eine Balance, damit dein Kind bekommt, was es braucht, und sein Körper verschiedene Entspannungsphasen erleben kann.

Vielleicht ist dein Kind aber auch introvertiert und entspannt am besten allein. Gewählte Einsamkeit im Spiel ist dann schlichtweg gesund. Hier musst du an deinem Besorgtsein arbeiten, aber nichts am Kind verändern.

Spielt dein Kind (plötzlich) viel allein, kann auch seine geistige Reifung dahinterstecken: Gleichaltrige sind dann manchmal nicht so interessant wie Erwachsene, die aber nicht immer greifbar sind. Da ist das Alleinspiel ein guter Weg.

Fang also nicht an, das Spielverhalten verändern zu wollen. Fühl dich ein, schau hinter das Verhalten und entscheide dann, ob es überhaupt ein Problem gibt: Vermeidet dein Kind nach schlechten Erfahrungen Kontakte vehement? Dann musst du helfen.

Freundschaften

ab 3 Jahre

Möglicherweise sagt oder zeigt dein Kind sogar klar, dass es allein nicht glücklich ist, sondern wahnsinnig gerne mehr Spielkontakte hätte – aber sein Temperament ihm da einen Strich durch die Rechnung macht. Dann bist du gefragt! Das wird vermutlich erst im Kindergartenalter passieren, wenn ihr euch langsam immer besser austauschen könnt.

- Übt im Rollenspiel, wie man in Kontakt kommen kann.
- Macht Teamspiele, die spüren lassen, wie hilfreich es ist, zusammen zu agieren, anstatt dass einer immer führen will.
- Erzähl von dir und deinen Erlebnissen beim Kontakteknüpfen: Wann bist du vor den Kopf gestoßen worden? Wie bist du damit umgegangen?

- Organisiere passende Gelegenheiten, in denen dein Kind Anschluss finden kann: Spielen in kleiner Runde, gerne draußen und eventuell mit klarer Aufgabenvorgabe (Staudamm bauen, Steine zum Bemalen suchen, Kaninchenlöcher finden o. Ä.). Bleib immer nah am Kind und fördere seine Kompetenzen umgehend, wenn die Situationen haarig werden.
- Sprich im Kindergarten an, ob es möglich ist, dass dein Kind in altersgemischten Situationen sowie in variablen Gruppenzusammensetzungen spielen kann, sodass es nicht auf eine Position (wie z. B. der laute Störenfried) festgelegt wird. Gerade ältere Kinder können hier gute Vermittler und Helfer sein.
- Alle grundlegenden Übungen aus diesem Buch zu den Bereichen Empathie, Gefühlsregulation, Selbst- und Fremdwahrnehmung werden dein Kind dabei unterstützen, nach und nach besser mit anderen zurechtzukommen.
- Sprecht darüber, wenn Spielzeiten schlecht gelaufen sind: War dein Kind übermütig? Wie kam es dazu? Wie kann das beim nächsten Mal verhindert werden? Wie hat das andere Kind sich gefühlt? Könnte eine Entschuldigung richtig sein?

Es ist immer eine nette Geste, wenn man sich bei einem anderen entschuldigt, auch unter Kindern. Doch das sollten weder die Eltern noch der Kindergarten erzwingen, denn wozu soll diese Oberflächlichkeit gut sein? Eine Entschuldigung ist so viel relevanter und sinnvoller, wenn sie aus Verständnis für die Gefühle des anderen erwächst.

Unternehmungen und Übergänge

Abseits von organisierten Freizeitprogrammen und den Klassikern Spielplatz und Schwimmbad gibt es jeden Tag etliche kleine Unternehmungen und Übergänge, die du mit deinem Kind schaffen musst. Das Wechseln von einer Situation in die nächste – aus dem Bett zum Frühstückstisch, vom Autoteppich zum Zähneputzen, von zu Hause nach draußen, in den Bus und die Arztpraxis oder zu den Großeltern ist für alle Kinder herausfordernd. Unabhängig vom Temperament haben sie ihren Plan im Kopf und wir unseren. Aber die jungen Kinder sind emotionaler, weniger flexibel und in diesem Alter noch nicht imstande, einzuschätzen, was für uns und andere wichtig ist, wie genau Zeit vergeht und so weiter. Das macht Übergänge schwierig und schnell explosiv.

Dein wildes Kind reagiert oft übermütig auf Störungen seines Plans, wenn es sich unwohl oder unsicher fühlt. Häufig ist unseren Kindern nicht klar, was sie am anderen Ort erwartet, sie spüren nur diffus, dass sie etwas zurücklassen, und sie hängen fest in der Entwurfszeichnung, die sie sich in ihrem Kopf gemalt haben. Ihre Vehemenz ist dann der ihrem Naturell entsprechende „Angriff" auf die Situation – nicht auf dich!

So erleichterst du Übergänge:

- Denk an den Tipp zum „Aktiven Annehmen": Stell dich darauf ein und erwarte, dass es schlimm wird, anstatt zu erwarten, dass es heute klappen muss. Wird es doch gut, kannst du dich freuen.
- Hab Verständnis für die Reaktion deines Kindes. Wie oben beschrieben, kann es oft nicht aus seiner Haut bzw. aus seinen Emotionen.
- Immer wieder gleiche Abläufe, die gleichen Orte und Wiederholungen unterstützen dabei, nicht ständig neu ausloten zu müssen.
- Bleib der Leitwolf und gib die Verantwortung für die Situation nicht an dein Kind ab: Du musst schauen, ob ein Bedürfnis überse-

hen wurde und zu erfüllen ist. Suche nach Kompromisslösungen. Du bist dafür zuständig, zugewandt zu bleiben und nicht hart. Du darfst klar sagen, was unbedingt passieren muss, bei allem anderen darfst du einen Schritt zurückmachen. Sei nicht konsequent, wenn dir das wehtut!

- Lässt dein Kind den Wechsel nicht zu, schau nach kreativen Ideen, wie es etwas aus dem Moment mit in den nächsten nehmen kann: Darf nicht nur ein Spielzeug mit, sondern das Hörspiel, die Schlafkleidung, ein rasch mit dem Handy gemachtes Foto, ein viel zu großes Kuscheltier? Lass dein Kind wählen, auch Dinge, die andere irritieren könnten. Wie wichtig ist deren Blick schon? Kann dein Kind nichts finden, hilf ihm mit einer klaren Rahmensetzung: zwei Wahlmöglichkeiten. Und nach zweimaligem Abfragen entscheidest du.
- Aktiviere dein Kind über Aufgaben: *„Was kannst du am neuen Ort tun?“*
- Oder versuche, den Fokus auf den Aufbruch zu legen und ihn spielerisch zu verschönern: Ihr seid Polizistinnen oder Ärzte und müsst dringend los zu einem wichtigen Einsatz. Ihr seid Bienen oder Vögel auf Blumen- oder Futtersuche?! Nutze die Fantasie und spiel vor allem mit.
- Versuche in jedem Fall, bei kleineren Kindern zu erkennen, welche Muster und Hindernisse Übergänge eventuell immer wieder erschweren. Im Kindergartenalter kannst du auch mittels GfK versuchen, herauszufinden, was die Auslöser sind. Manchmal sehen wir Großen sie nämlich einfach nicht, weil es sich für uns um Nichtigkeiten handelt.
- Bremst dein Kind Übergänge vielleicht gar nicht wütend aus, sondern nimmt sie im Gegenteil übermütig an und stürmt unerwartet rasch los, formuliere ab dem Kindergartenalter deine Ängste. Aber suche vor allem auch Lösungen, die du in der Hand hast: Ein klarer Warteplatz im Haus, bevor auf die Straße gerannt wird, ein sicherndes Transportmittel (Trage, Bollerwagen, je nach Kind darf es auch ein Sicherheitsbrustgurt sein), eine immer gleiche Auf-

gabe zur Überbrückung und auch eine verschlossene Wohnungstür sind legitime Ideen.

- Nicht nur das Verlassen gehört zum Übergang, sondern auch das Ankommen. Mach das wenn möglich immer mit deinem Kind, auch zu Hause, nicht nur in der Fremde. Das heißt: Schau erst einmal, dass dein Kind etwas zum Andocken gefunden hat, bevor du die Einkäufe einräumst, eine Unterhaltung beginnst usw.
- Wenn der Übergang oder das Ankommen und Erfüllen einer Aufgabe dann doch nicht klappen, versuche, nicht enttäuscht zu sein. Euer Miteinander ist kein Automatismus. Wichtig ist der Weg, das Dranbleiben, nicht das perfekte Funktionieren.
- Lass Selbstfürsorge möglichst nie hinten runterfallen, um noch eine Woche und noch eine Woche durchzuhalten! Mach einen Stopp, nimm andere Bezugspersonen in die Pflicht und schau mit deren Hilfe hin, wo es hakt.

REGELN FINDEN

Hast du das Gefühl, du beherzigst alle Aspekte, aber es kommt weiterhin immer wieder zu Unklarheiten rund um Übergangssituationen? Habt ihr vielleicht nicht wirklich mit dem Kind zusammen Regeln gefunden oder nur solche, die eher zu den Erwachsenen als zum Kind passen? Arbeite zum Beispiel nach Ulla Nedebock: Sie gibt Eltern hierzu die STAMM-Methode an die Hand, die in ihrem Buch „Starke Kinder brauchen Regeln" alltagstauglich vorgestellt wird.

Übermütige Reaktionen in derlei Momenten sind manchmal aber auch nicht mehr als bloße positive Emotionen: Vorfreude und Aufregung, nicht Wut, Unsicherheit oder Verweigerung. Oft muss dein Kind einfach nur seine Anspannung loswerden und reagiert, wie es immer reagiert: impulsiv. Dann ist nicht der Übergang das Thema, sondern die Emotionsverarbeitung – womit du wieder bei den sozial verträglichen Strategien bist.

Rebecca (37), Mutter von zwei Kindern (4, 9), über veränderte Übergänge

„Erst einmal mit den Kindern anzukommen, entspannte Situationen, die vorher stressig und anstrengend waren – das hat uns geholfen, Ruhe in unseren Alltag zu bringen. Schwierig war zunächst, zu akzeptieren, dass einige Dinge im Haushalt liegen blieben. Mit der Zeit haben wir uns aber damit arrangiert und den Nutzen aus Inkes Tipp gezogen. Dafür sind wir ihr sehr dankbar."

Wenn Übergänge und Wechsel immer wieder zu explosiven Situationen führen, fragst du dich vermutlich, ob es okay ist, sie zu vermeiden? Jein. Es hilft deinem Kind nicht, wenn du es in Watte packst und versuchst, alle Probleme aus dem Weg zu räumen. Denn es kann nur lernen, sich üben, etwas über die Notwendigkeiten des Alltags und die Grenzen seiner Mitmenschen erfahren, wenn es selbst – liebevoll begleitet – durch diese Situationen hindurchgeht. Du darfst sie aber minimieren, um deine Kräfte zu schonen. Beschwöre sie nicht extra als Lernsituationen herauf. Euer Alltag gibt sicher auch so ausreichend derartige Momente her, für die ihr dann Strategien finden und testen könnt. Die Mischung macht's.

„Blöde Mama" oder noch heftigere Aussagen in Übergangssituationen sind in diesem Alter keine Beleidigungen, die dich tief treffen sollten. Gerade bei deinem impulsiven, wilden Kind rutscht ein von Emotionen geleitetes Verhalten ganz schnell in den Vordergrund. Da ist kein Platz fürs Nachdenken und oft auch noch nicht die nötige Reife vorhanden. Wir überschätzen unsere Klein- und Vorschulkinder hier häufig. Scheinbare Kränkungen sind nur die Verpackung der Kinder für ein Gefühl des Übersehenwerdens oder des Überfordertseins. Schau dahinter: Was braucht dein Kind gerade? Was ist aber im Moment vielleicht nicht möglich? Und wie kannst du ihm trotzdem wieder Nähe und Sicherheit geben? Nimm sein Schimpfen nicht persönlich und geh nicht auf Distanz! Du bist die einzige Person in eurer Beziehung, die jederzeit die Verantwortung dafür hat, wieder auf den anderen zuzugehen.

Urlaube

Urlaub, wie du ihn ohne Kind kanntest, bedeutete Ruhe, einen Ortswechsel, Pause vom Alltag. Natürlich ist das mit kleinen Kindern nicht so, egal welches Temperament sie mitbringen. Dein wildes Kind kann hier endlich Räume für sich finden (bzw. ihr gemeinsam für euch), die seiner Art mehr entgegenkommen als ein streng getakteter Alltag. Aber es kann auf einer Reise auch extrafordernd werden und dir deinen Wunsch nach einer erholsamen Auszeit torpedieren. Das kannst du niemals komplett ausschließen; dafür ist dein Kind zu energiegeladen. Aber du kannst einiges versuchen, was den großen Explosionen vorbeugt. Eventuell musst du dich dafür von einigen Wünschen verabschieden, die du ursprünglich an Ferien hattest, aber das ist es sicher wert. Deine Zeit kommt wieder.

- Sprecht nicht zu früh über den Urlaub, sonst wird die Aufregung zu groß. Eine Woche vorher reicht vollkommen aus.
- Ein Kinderhotel mit Buffet und Bespaßung klingt vielleicht verlockend, aber der große Input, den dein Kind dort bekommt, die vielen Menschen, die dort sind, der enge Rahmen durch Zeiten und Gruppen werden wahrscheinlich eher für Stress sorgen. Das andere Extrem in Form eines einsamen Hauses im Nirgendwo bietet dem Wildfang wieder zu wenig Neues und stellt die Eltern vor ähnliche Aufgaben wie zu Hause. Ratsam ist daher ein Mittelweg: Sucht nach Orten ohne zu viele Menschen, aber mit Unterstützungsmöglichkeiten, wie einem kleinen Bauernhof oder Campingplatz.
- Es ist auch wichtig, was die Geschwister des wilden Kindes möchten und brauchen. Größere wollen vielleicht mehr Action? Auch an ruhigeren Orten sind Ausflüge möglich, die das bieten.
- Wenn du einen guten Draht zu den Großeltern oder auch zu einer befreundeten Familie hast, kann auch ein gemeinschaftlicher Urlaub eine gute Idee sein, damit die Betreuung aufgeteilt werden kann und du mal Zeit für den Liegestuhl oder einen Stadtbummel hast. Eventuell ist dein Kind sogar so mutig, dass es nur mit den anderen verreisen mag – warum nicht? Fühl dich nicht schlecht damit. Dein Kind hat gute Begleitung, du eine Atempause.
- Manchen Kindern tut es gut, wenn man mit ihnen lange Zeit immer wieder an den gleichen Ort fährt. Dann müssen Details nicht neu ausgehandelt werden, weil alles bekannt ist. Deinem wilden Kind kann das aber auch zu langweilig sein. Hier ist deine Einschätzung gefragt, was für dein Kind überwiegt: Sicherheit durch Bekanntes oder Zufriedenheit durch Neues?
- Kennt ihr das Reiseziel bereits oder konntet euch durch die Homepage und weitere Infos schon ein gutes Bild machen, kannst du im Vorfeld mit deinem Kind einige herausfordernde Aspekte abklären: Wie kann es mit den Tieren umgehen? Wie spricht es die Gastwirte an? Wie sind die Vereinbarungen zu Wasserrutsche, Trampolin und zu überquerender Dorfstraße? Was ist hinsichtlich

Sonnenschutz zu klären? Überlegt je nach Alter gemeinsam oder eben du allein, was ihr mitnehmen oder besprechen könnt, um die Situation vor Ort möglichst frei und konfliktarm zu gestalten.
- Stress dich nicht mit einer zu langen Anreise. Die Aussicht auf 14 Tage ohne Regen tief im Süden ist verlockend, aber wäge gut ab, ob du den Unmut deines wilden Kindes begleiten könntest.

Auch wenn eine solche Reise nicht den Bildern entspricht, die du von Urlaub hast – so könnt ihr alle Entspannung finden.

Arzttermine

Bei Vorsorgeterminen wollen Ärztinnen in der Regel etwas Bestimmtes von deinem Kind, und auch bei akuten Erkrankungen haben sie konkrete Untersuchungsschritte im Kopf. Gute Kinderärztinnen werden sich auf Spiel und Wildheit einlassen sowie dein Kind mit Humor einfangen.

Aber was ist, wenn dein wunderbares wildes Kind die Idee hat, von der Untersuchungsliege zu springen, den Zahnarztbohrer aus der Halterung zerrt, Abhören doof findet, aber die Gummibärchen fordert, die es doch letztes Mal auch gab? Muss dir das peinlich sein? Musst du mit Härte dazwischengehen?

Nein, bitte versuche nicht, mit dem Gedanken daran, was die anderen von dir denken könnten, die Beziehung zu deinem Kind zu vergessen. Du kannst nicht beeinflussen, was bei dem anderen im Kopf abläuft. Dein Kind ist wichtiger.

Arzttermine vorbereiten

- Spiel vorher Arzttermine mit deinem Kind zu Hause. Nutzt Verbandsmaterial und nehmt auch ruhig etwas davon mit in die Praxis. Hab den Fokus darauf, was dein wildes Kind tun kann –

Gebote sind viel sinnvoller als Verbote: Es kann sein Pflaster zeigen oder wie es mit der Verbandsschere eine Mullbinde teilen kann. Ihr könnt Fragen überlegen, die es stellen kann, denn dein Kind ist sicher sehr neugierig – mach das zu seinem Talent!

- Vielleicht gibt es in eurer Stadt eine sogenannte „Teddybärklinik", die du mit Kind und Plüschtier besuchen kannst, um im Anschluss das dort Erlebte in Untersuchungssituationen nacherzählen oder -spielen zu können.
- Vorsorgetermine sind einfacher vorzubereiten. Wiegen und Messen, Seh- oder Hörtest kannst du vorab erwähnen und z. B. ein Stillhaltespiel üben: Solange das Kind auf der Waage steht, bewegt es nur die Augen von links nach rechts und zurück, während gemessen wird, schiebt es Luft aus der einen Wange in die andere und wieder zurück.
- Versprich deinem Kind nur das, was wirklich sicher ist, keine Schmerzfreiheit o. Ä. Damit würde der Hinweg vielleicht einfacher, aber die Begleitung in der Situation kann sehr viel herausfordernder werden. Es ist okay, einzugestehen, was du nicht einschätzen kannst. Wichtig sind nur Zugewandtheit und Nähe.
- Sorge bei einem geplanten Termin dafür, dass dein Kind mit guten Voraussetzungen dorthin geht: Ist es satt, ausgeschlafen und hat sich ausreichend bewegt? Hast du eine Zeit vereinbart, die euren Abläufen nicht im Weg steht? War das nicht möglich, rechne mit Hindernissen.

Während der Behandlung

- In einem akuten Fall kann ein impulsives Kind unter Umständen viel Energie aufbringen, die den Moment anstrengend macht. Du kannst nicht alles verhindern und vorhersehen oder gar immer perfekt begleiten. Der Satz *„Mein Kind macht das nicht gegen mich oder die Ärztinnen!"* hilft dir, ruhig zu bleiben.
- Bleib die ganze Zeit eng am Kind, wenn möglich. Vielleicht kann ein schon mobiles Geschwisterkind doch in die Trage oder ausnahmsweise länger in der Betreuung, bei einer Vertrauensper-

son oder unter Aufsicht im Wartezimmer bleiben? Wenn es so einfacher ist, mach das ruhig – umso größer ist die Chance, dass dein wildes Kind eine schlechte Erfahrung auslassen kann.

- Erkläre deinem Kind im jeweiligen Moment die Gründe für die Untersuchungsschritte und hol dazu dein Gegenüber mit ins Boot: Das medizinische Personal soll nicht „am Kind herumdoktern", sondern „mit dem Kind agieren". Warum wird das gemacht? Warum gerade so? Wie kann das Kind helfen?
- Wenn dein Kind ständig unterbricht und neugierige Fragen stellt, liegt es sicher auch daran, dass seine Impulsivität (aber auch sein Alter) es ihm erschwert, sich auf eine Sache zu fokussieren. Unterstütze, so gut du kannst: Eine Frage zum Stethoskop ist okay, dann erfolgt aber ein Untersuchungshandgriff und danach wird dein Kind wieder angehört usw. Übernimm eine liebevolle Führung. Das wird deinem Kind Struktur geben und vielleicht auch der*dem Ärzt*in eine Hilfe sein.

Wichtig ist, nicht nur das eigene Kind zu sehen, sondern Verständnis für die mögliche Zeitnot des Personals zu haben. Ja, sie sollten umsichtig, behutsam, lustig sein, aber auch ihr Tag hat eine Geschichte. Du bist in der Pflicht, gemeinsam mit deinem Kind Verständnis aufzubringen. Einen harschen Tonfall oder gar übergriffiges Verhalten darfst du nicht hinnehmen, lass dich jedoch auch nicht provozieren. Reagierst du nämlich ebenfalls barsch, kann eine Situation schnell aus dem Ruder laufen. Hier kann es helfen, beschreibend anzusprechen, was du wahrnimmst, und eine Aufforderung mitzugeben:

- *„Mein Kind ist so aufgedreht, weil es verstehen möchte, was Sie tun. Könnten Sie das bitte etwas genauer erklären?"*
- *„Er ist nervös und neugierig. Bitte helfen Sie ihm etwas mehr. Sie können sich ganz auf ihn konzentrieren. Ich frage schon, wenn mir etwas unklar ist."*
- *„Wenn Sie vielleicht etwas weniger rasch vorgehen, lernt mein Kind Sie sicher gerne kennen und macht mit."*

- *„Druck hilft ihm nicht, danke. Wir machen das mit Zeit und Liebe, gerade wegen der Schmerzen jetzt!"*
- *„Wäre es möglich, kurz etwas Zeit ins Erzählen zu investieren? Dann wird das Untersuchen sicher gleich besser gehen."*

Vielleicht fällt dir auch etwas ein, von dem dein Kind erzählen kann, um sich abzulenken: der tolle Waldsee, das Kaninchen aus der Nachbarschaft, der Schokokuchen vom Geburtstag? Leitest du darüber ein Gespräch ein, hat die*der Untersuchende die Möglichkeit, locker einzusteigen und dein Kind „abzuholen" beziehungsweise „einzufangen".

Manchmal lässt sich eine Situation in Praxis oder Klinik trotz allem nicht einbremsen. Geht es nur um Vorsorge, kannst du ruhig über einen Abbruch nachdenken und es ein anderes Mal neu versuchen. Ist es etwas Akutes, kann es manchmal helfen, nach einer unterstützenden weiteren Person zu fragen. Aber manchmal hilft nur begleitendes Durchhalten. Gibt es keine Alternative, führt unter Umständen auch an „schützender Gewalt" kein Weg vorbei. Dieser Begriff benennt den Umstand, dass Eltern in seltenen Fällen, um die Gesundheit ihres Kindes zu schützen, (körperlichen) Zwang anwenden müssen. So zum Beispiel, wenn sie ihr Kind daran hindern, auf eine viel befahrene Straße zu rennen – oder eben bei wichtigen Untersuchungen. Das sollte selbstverständlich immer der letzte und gut begleitete Ausweg sein. Fühlt ihr euch in der gleichen Praxis immer wieder unwohl, testet unbedingt eine andere aus; auch eine längere Anfahrt ist es manchmal wert.

Eingewöhnung und Außer-Haus-Betreuung

Dein wunderbares wildes Kind fordert dich sehr. Sicher ist der Wunsch danach groß, Betreuungsunterstützung in Anspruch zu nehmen (ganz unabhängig von beruflichen Erfordernissen). Mut und Neugier deines Kindes sprechen zusätzlich dafür. Seine Impulsivität kann hier schwierig sein, denn die Betreuenden müssen damit genauso intensiv umgehen wie du, noch dazu in einer Gruppensituation. Wann genau dein Kind mit Betreuung durch andere starten sollte, hängt nicht von seinem Temperament ab – mit 1, mit 3, wann immer: Es kommt viel mehr darauf an, ob die Eingewöhnung gut und die neue Bezugsperson feinfühlig, zugewandt und klar ist.

Ein passendes Setting zu finden, ist nicht immer leicht. An vielen Orten kann man sich nicht *die* Wunschkita aussuchen, sondern muss den Platz nehmen, den man angeboten bekommt, und muss oft damit zurechtkommen, dass Erzieher*innen plötzlich wechseln und dadurch Eingewöhnungsphasen nicht laufen wie geplant. Kinder können sich auf vieles einstellen, wenn ihr grundlegendes Bindungsmuster sicher ist und ihr Urvertrauen vorhanden, aber alle Hemmnisse können sie dennoch nicht ausgleichen. Das bedeutet für dich:

- Du kannst nicht alles, aber einiges im Vorfeld planen, damit es trotz Erschwernissen und trotz des wilden Temperaments möglichst gut läuft.
- Du brauchst Einfühlsamkeit und ggf. (mehr) Zeit (als geplant), um Schwierigkeiten aufzufangen.

Gina (32), Mutter einer Tochter (3), über den Kindergartenstart

„Ich kam mir immer etwas ‚schäbig' vor, weil ich mich so sehr danach gesehnt habe, dass mein Kind endlich im Kindergarten starten konnte, wo wir ab ihrem dritten Geburtstag einen Platz bekommen hatten. Das Kindergartenjahr startete schon im August, aber da sie im November geboren ist, mussten wir bis dahin warten. Und sie war einfach so wahnsinnig kindergartenreif! Sie suchte ständig Herausforderungen, die ich ihr kaum bieten konnte. Die Eingewöhnung war dann etwas holprig, weil ihre Art, einen Streit auszufechten, oft mit Beißerei zu tun hatte. Aber schließlich lief es doch schnell richtig gut. Dann hatte ich auch endlich kein schlechtes Gewissen mehr, denn es ging ihr dort so, so gut! Natürlich kommt es immer wieder zu schwierigen Situationen, weil sie so ein Vulkan ist, doch die Bezugserzieherin begleitet sie echt nett und klar und tauscht sich auch mit uns Eltern oft aus. Und die ganzen Eindrücke dort erfüllen mein Kind richtig."

Die Einrichtung

Dein wunderbares wildes Kind braucht oft Regulation. Das ist nur möglich, wenn es eine einfühlsame Bezugsperson hat und einen nicht zu weiten Rahmen. Im Betreuungsalltag können ihm klare Aufgaben helfen. Im U3-Bereich bietet das eine Tagesmutter mit übersichtlicher Kinderschar oder eine Großtagespflege mit wenigen Kindern und zwei oder mehr Fachkräften. Für ein Ü3-Kind kann ein Kindergarten gewählt werden, der eher klein und familiär ist und nicht zu viele Räume und Freispielzeiten quer durchs Haus bietet. Denn genau in diese Phase fällt das emotionale Lernen, das eng begleitet werden muss.

Wünschenswert wäre eine stabile Personalsituation, Erfahrungen mit und Spaß an lebhaften Kindern sowie ein Konzept für die Begleitung ihrer Impulsivität. Frag im Kennenlerngespräch offen danach und versuche nicht, dein Kind anders darzustellen, als es ist. Das würde euch im späteren Alltag auf die Füße fallen. Wird im Betreuungsalltag anders mit deinem Kind umgegangen, als du es selbst tun würdest, ist das in Maßen okay. Dein Kind kann verschiedene Wege aushalten, solange sie gewaltfrei sind, und von verschiedenen Bezugspersonen durchaus profitieren.

Ankommen

Damit dein Kind eine neue Bezugsperson annehmen, eine sichere Bindung aufbauen und mit seinem Temperament gut ankommen kann, ist eine individuelle vorbereitete Eingewöhnung wichtig, die sich nach deinem Kind richtet.

Zur Eingewöhnung gehört in jedem Fall ein intensives Vorgespräch, indem du dein Kind und seine Bedürfnisse vorstellen kannst. Gib den Erzieher*innen alles an die Hand, was für sie hilfreich sein könnte:

- Beschreibe den Charakter deines Kindes.
- Beschreibe sein Sprachvermögen.
- Was spielt dein Kind gerne?
- Welche Momente sind besonders herausfordernd?
- Welche Art von Rahmen steckst du zu Hause, die sich als hilfreich gezeigt haben?
- Berichte von den bisherigen Erfahrungen mit anderen Kindern sowie mit anderen Betreuungspersonen und Trennungssituationen.
- Welche sozial verträglichen Strategien hast du schon mit deinem Kind geübt?
- Erwähne Ernährungsgewohnheiten und Unverträglichkeiten.
- Berichte über Schlaf- und auch Aufwachrituale.
- Nenn seine Vorlieben beim Getröstetwerden. Wie beruhigt es sich gut?

- Notiere gesundheitliche und familiäre Besonderheiten.
- Musste dein Kind schon besondere Herausforderungen meistern (Klinikaufenthalte, Todesfälle im Umfeld, einen Umzug, eine Geschwistergeburt, Probleme zwischen den Eltern, Trennungen usw.)?
- Vergiss auch nicht mögliche Besonderheiten während der Schwangerschaft oder in der ersten Zeit danach.

Informiere über Diagnostik, wenn sie bereits stattgefunden hat. Hab keine Angst, dein Kind könnte dadurch in eine Schublade gesteckt werden – sieh stattdessen die Möglichkeiten, die sich den Betreuenden dadurch bieten. Sie unterliegen einer Schweigepflicht.

Der optimale Ablauf einer Eingewöhnung:
Kommt in einer möglichst klaren Situation an. Könnt ihr vielleicht nachmittags starten, wenn die Gruppe nicht so groß ist? Dann kann dein Kind ohne zu viel Input alles kennenlernen, und die Gefahr ist gering, dass es zu Situationen kommt, in denen es gemaßregelt wird.

Startet mit einem Kennenlernen der Räume und Abläufe und achte darauf, dass dein Kind auch Rückzugsmöglichkeiten sieht sowie angeleitet wird, wann und wie es diese nutzen kann. Rückzug heißt für ein wildes Kind „weg von der großen Gruppe", aber in der Regel nicht „hin zu verträumtem Nichtstun": Es sollte Aktivität möglich sein, aber eben separierter (manchmal reichen schon ein Vorhang oder ein Raumteiler). Dein Kind soll ja bei Impulsivität nicht „weggesperrt" werden, sondern die Energie gut ausleben können. Es wird mit der Zeit sicher lernen, wie das auch inmitten einer großen Gruppe geht.

Achte darauf, dass dein Kind bei dir ankern kann, solange es noch dabei ist, Vertrauen zu fassen. Du darfst Konfliktlösung und Beruhigung begleiten. Die Bezugsperson sollte zunächst nur beobachtend dabei sein und nach und nach gezielt einbezogen werden und deine Aufgaben übernehmen.

Mit der Kontaktaufnahme zu anderen Kindern wird dein Kind wahrscheinlich weniger Probleme haben. Beobachtet nur, ob es nicht zu impulsiv handelt: Vor lauter Freude an all den neuen Spielkamerad*innen kann es sein, dass dein Kind über die Stränge schlägt. Setze zusammen mit der Betreuungsperson den Fokus auf *„Wie kann es gut gehen?“* und nicht auf *„So nicht!“*

Lass dich nicht zu früh auf Trennungen ein, auch wenn die Forschheit deines Kindes dazu einlädt. Womöglich bereust du es später. Vor der ersten Trennung sollte dein Kind eine gute Beziehung zur Erzieherin haben, damit diese es gut regulieren kann und keine Eskalation droht. **Es geht nicht darum, dass dein Kind dort gut und gerne spielt, sondern ob es sicher begleitet werden kann, wenn es ihm nicht gut geht!**

Wenn alle Beteiligten das Gefühl haben, es wächst Vertrauen, es entsteht Bindung, dann kann es erste Trennungsversuche geben. Verabschiede dich immer und geh zu Beginn nur für kurze Zeit: einen Tee aus der Kaffeeküche holen, zur Toilette, auf dem Flur telefonieren. Steigere hier ganz allmählich die Zeitspannen und dann auch die Distanz – bis du das Gebäude schließlich verlässt.

Gib der neuen Bezugsperson auch im Verlauf noch möglichst viele Tipps, was dein Kind mag, was an diesem Tag schwierig war, wo etwas in deinen Augen nicht gut lief, wie man gut mit ihm ins Gespräch oder Spiel kommen kann, welche Rituale es liebt, welche Gegenstände ihm wichtig sind und so weiter.

Berichte auch, wie das Kind nach den Eingewöhnungszeiten zu Hause gelaunt war und ob es Auffälligkeiten zeigt.

Sorge dafür, dass dein Kind außerhalb der neuen Betreuung ausprobieren kann, wie Interaktion mit anderen funktioniert, und zeige, dass du auch hier nicht weggehst (z.B. Besuche auf unbekannten Spielplätzen).

Schenk deinem Kind aber vor allem extra viel Zeit mit dir außerhalb der Eingewöhnungsstunden – nicht erst, wenn es danach fragt (oder durch auffälliges Verhalten das Bedürfnis zeigt), sondern schon vorab von dir aus! Auch wenn es die spaßige Zeit mit anderen sehr mag, machen ihm diese Phasen sicher auch Stress, den es abbauen muss.

Geh nicht noch eine andere Herausforderung in dieser Zeit an, wie Abstillen, Trockenwerden, Alleinschlafen, Babysittereingewöhnung oder Ähnliches.

Läuft die Eingewöhnung ganz unproblematisch ab, darfst du dich natürlich freuen. Achte aber trotz allem darauf, dass dein Kind wahrscheinlich innerlich doch noch voller Aufregung steckt und biete ihm ausgleichend Nähe, Ruhe, Kuschelzeit an, selbst wenn es von sich aus nicht danach fragt!

Rückmeldungen

Etliche Kinder sind in Betreuungseinrichtungen (erst mal) sehr angepasst, auch diejenigen, deren Temperament eher wild ist. Sie zeigen ihre Gefühle oft nicht klar, denn die Gruppensituation erzeugt doch einen gewissen sozialen Druck, zumindest in der ersten Zeit. Manche Kinder mit wildem Temperament sind eventuell extra wirbelig. Schon während der Eingewöhnung oder kurz danach kann es sein, dass du Rückmeldungen von Erzieherinnen, anderen Kindern und auch anderer Eltern bekommst: *Was ist los mit diesem Kind? Wieso ist das so wild? Wieso gibt es häufig Konflikte? Wieso werden andere Kinder bedrängt?* Das fühlt sich nicht gut an!

Dahinter steckt folgendes Problem: Wilde Kinder gelten in den Augen vieler Menschen immer noch als „nicht normal“ oder verzogen. Dass sie ihr Temperament ausleben müssen und erst langsam lernen, dies sozialverträglich zu tun, haben viele Menschen nicht im Blick. Wird ihr eigenes Kind auf diesem Weg zu einem „Opfer“, ist ihre Reaktion natürlich noch emotionaler.

Begleite dein Kind in dieser Situation:

- Versuche, zu verhindern, dass dein Kind als „bösartige*r Täter*in“ wahrgenommen wird. Aber diskutiere sein Verhalten auch nicht weg. Setze dich mit den anderen Eltern und dem Personal an einen Tisch, erklärt die Situation und sucht Lösungen!
- Versuche, Verständnis für dein Kind zu schaffen: Wie mit dem bereits vorgestellten Brief kannst du auch hier schriftlich oder persönlich erläutern, was dein wunderbares wildes Kind ausmacht und was ihr mit ihm erarbeitet. Und du kannst dich um gemeinsame Zeit bemühen: Lernen kritische Eltern und Kinder deinen Wildfang am Wochenende kennen, kann Verbindung entstehen. Dann ist es nicht mehr „fremd und gefährlich“.
- Bleib immer in engem Kontakt zum Personal und verlass dich nicht auf Feedback in Quartalsgesprächen. Das ist unter Umständen eine zu lange Phase, in der sich falsche Muster einschleichen können.
- Werden andere Eltern aufgrund der Wildheit deines Kindes übergriffig, braucht es vielleicht eine Fachperson, die entwicklungspsychologische Informationen und Ausblicke auf Verläufe sowie Impulse in den Alltag mitgibt. Um hier eine passende Person zu finden, kann Bindungs(t)räume, ein Netzwerk aus beziehungsorientiert arbeitenden Menschen in diversen Berufsgruppen, die richtige Adresse sein.

Zeigt sich dein Kind nach der Eingewöhnung plötzlich immer stiller oder aber noch viel wilder als sonst, ist das nicht gleich besorgniserregend. Aber beobachtet, wie die Entwicklung verläuft und auch, wie sich das Kind zu Hause verhält. Starke Veränderungen sollten immer besprochen werden. Die Erzieherinnen kennen manche Veränderungen vielleicht schon von anderen wilden Kindern und können dir Ängste nehmen sowie auch Tipps geben. Eventuell könnt ihr gemeinsam eine Art Fahrplan für die Zeit in der Betreuung und auch zu Hause entwickeln, um deinem Kind noch besser helfen zu können. Im Sinne von Inklusion sollten auch für ein wildes Kind besondere Möglichkeiten geschaffen werden, die nicht für alle Kinder gelten (z. B. Rückzugsorte, engere Begleitung, Freistellung von bestimmten Tätigkeiten, besondere Aufgaben).

Hast du das Gefühl, die Betreuungseinrichtung arbeitet nicht wirklich *mit* dir zusammen, *für* dein Kind, sieht nur Defizite und gibt keine Hilfe, dann hol die Fachberatung der Institution oder eine externe Frühförder- oder Beratungsstelle dazu, eventuell sogar das Jugendamt. Die Kinderarztpraxis kann dir helfen, die richtigen Ansprechpartner*innen zu finden. Das Wechseln einer Einrichtung sollte immer der letzte Ausweg sein, denn für ein Kind ist das niemals ein einfacher Schritt.

DIE EXTRAWURST

Oft fällt es uns schwer einzusehen, warum jemand einen anderen Umgang benötigt als andere, wenn der Grund dafür nicht offen zu erkennen ist. Ob gebrochene Hand oder außergewöhnliches Temperament – besondere Bedürfnisse erfordern immer besondere Maßnahmen! Leg Wert darauf, dass dein Kind nicht mit anderen verglichen wird, wenn es darum geht, dass es als Hilfe bei der emotionalen Entwicklung „eine Extrawurst" benötigt. Betone Kritikern gegenüber, wie sehr sie sich doch freuen können, dass ihr Kind keine Extrahilfen, besondere Räume, Extraaufgaben oder vermehrte Zuwendung benötigt!

Einleben

Zeigt sich dein Kind in der Betreuung herausfordernd, musst du natürlich nicht nur mit Personal und eventuell anderen Familien umgehen, sondern auch mit deinem Kind. Ist es noch unter 3 Jahren, wird es vor allem extra viel Nähe und Sicherheit brauchen und keine Reflexion. Ihm zu helfen heißt vor allem, das Setting in der Betreuung anpassen, wie oben beschrieben. Ist es älter, sind auch Gespräche möglich: Wie hat es sich gefühlt? Was war schwierig? Wie kam es zu dieser oder jener Situation? Wie kann man das anders angehen?

Typisch ist Verweigerung: Das Thema ist dem Kind wahrscheinlich unangenehm, darum hält es sich vielleicht die Ohren zu, läuft weg oder schreit gegen dich an. Hier hilft kein Zwang, sondern nur dranbleiben und es anders versuchen. Denn vielleicht erreichst du dein Kind in einem anderen Moment, mit einem Spaß oder einem Lied, mit Fingerpuppen, beim Sandburgbauen oder an der Theke vom Kaufmannsladen. Probiere es mit Spiel und Humor anstatt mit ernsthaften Grundsatzgesprächen. Bau Szenen ein, bei denen der Kindergarten von Schwierigkeiten berichtet hat, und schau spielerisch dahinter, wie es wohl dazu kam und wie Alternativen aussehen könnten. Erspielte Strategien prägen sich in diesem Alter viel besser ein als besprochene.

Findet dein Kind keine Freunde, aber wünscht sich welche? Erkundige dich beim Personal, ob sie einen Tipp für dich haben, mit welcher Familie du fürs Wochenende eine Verabredung treffen kannst.

Weist dein Kind andere Kinder ab? Das könnte ein Rückzug aus Selbstschutz sein, weil es durch sein Temperament immer wieder in haarige Situationen kommt. Schau mit den Erzieherinnen hin, ob 1:1-Spielmomente mit einem anderen Kind möglich sind, in denen die beiden ein Teamspiel miteinander, nichts gegeneinander spielen. Und versuche auch, deinem Kind außerhalb der Betreuung gute Momente mit anderen Kindern in übersichtlichem Rahmen zu ermöglichen. Je mehr positive Kontakterfahrungen es machen wird, desto eher wird es auch in der Betreuung auf andere zugehen.

Dreht dein Kind ständig auf und zeigt sich sogar aggressiv? Lass dich nicht verunsichern: Das ist normales Verhalten in bedrückenden Situationen. Angriff! Dein Kind muss spüren, dass es nicht mit Strafen ausgegrenzt wird, sondern Hilfe beim Miteinander bekommt. Dafür ist es wichtig, dass es Gefühle frühzeitig erkennen und benennen sowie nach und nach kompetent damit umgehen kann. Das könnt ihr zum Beispiel mit Wimmelbüchern üben: Was passiert da? Was fühlt das Kind? Warum ist es traurig, wütend, glücklich? Was könnte es jetzt tun? Was sollte es lieber nicht tun? Und was könntest du tun, wenn du dich mal so fühlst – ohne jemanden zu verletzen?

Aber heftige Aggressionen über längere Zeit hinweg (etwa drei Monate als Maßstab) kannst du nicht allein begleiten. Kindergarten und Kinderärzt*in sollten dich beraten, wie du deinem Kind professionell helfen lassen kannst.

Verweigert es den Gang zur Betreuungseinrichtung plötzlich? Diese Phase haben viele Kinder, ganz unabhängig von Temperament und Erlebnissen. Zu Hause bei dir ist es eben schöner, sicherer, und der morgendliche Aufbruch ist ein anstrengender Übergang. Finde einerseits heraus, ob doch etwas passiert ist, das der Auslöser war. Stärke andererseits zuversichtlich weiterhin die Anbindung an die Betreuungseinrichtung:

- Je nach Alter des Kindes kannst du spielerisch oder im Gespräch nach einer Ursache suchen. Starte und lass dann dein Kind die Führung übernehmen: *Wieso mag der Plüschhase nicht allein bei Oma bleiben? Warum will die Holzfigur nicht im Kindergarten bleiben, sondern wieder mit nach Hause?* Schau, was passiert.
- Spätestens bei einem Kind im Vorschulalter kannst auch du erzählen, wo du nicht gerne allein warst oder jetzt noch bist. Berichte, was dir ein schlechtes Bauchgefühl macht. Vielleicht steigt dein Kind darauf ein und erwähnt seinen Auslöser.
- Findest du einen Grund heraus, sprich die Betreuenden an und versucht eine Veränderung.
- Gibt es anscheinend keinen veränderbaren Auslöser, zeige deinem Kind, wie aktives Annehmen geht: Etwas Neues mitnehmen dürfen kann helfen, ein neues Abschiedsritual, das Lachen, Springen, Klopfen, Bewegung und Spaß beinhaltet, kann Spannungen lösen. Bleib zugewandt und mitfühlend, aber klar in Bezug auf den Gang zur Betreuungseinrichtung.

Zeigt dein Kind sich immer auffälliger zu Hause? Macht es beispielsweise deutliche Rückschritte in der Entwicklung (sprachliche Auffälligkeiten, wieder einnässen, schlimme Nächte) können Pausetage Entspannung bringen. Aber es sollte ein intensiver Plan mit der Einrichtung und eventuell auch unter Einbeziehung der kinderärztlichen Praxis erstellt werden. Muss etwas genauer betrachtet werden? Braucht die Einrichtung fachliche Hilfe? Supervision? Oder benötigt ihr als Familie therapeutische Unterstützung?

Du bist nicht allein. Nutze jede Hilfe, die du bekommen kannst, als Ressource für dich und dein Kind.

Andrea (37), Mutter von zwei Kindern (4, 6), über den guten Umgang ihres Umfeldes mit ihrem Sohn (6)

„Wenn er einfach laut ist, gehen die Kinder meiner Freundinnen ihm oft nach einer Weile aus dem Weg, wenn es ihnen zu viel wird. Aber ich habe nicht den Eindruck, dass sie es ihm übelnehmen. Wenn er aufgedreht ist, wird er manchmal aber auch ziemlich wild. Er zieht dann anderen Kindern an den Shirts oder versucht, sie zu umarmen. Dann wehren sich die anderen Kinder in der Regel oder schreien ihn an.

Die Kindergärtnerin erzählt, dass die anderen Kinder wohl merken, dass er ‚anders' ist (er spricht anders, benimmt sich anders). Aber momentan akzeptieren sie das einfach so. Ich kann mir aber vorstellen, dass es später in der Schule nicht so problemlos laufen wird (Stichwort Mobbing und/oder Ausgrenzung).

Erwachsene, die ihn kennen, wissen, dass ‚laut' und ‚wild' einfach zu ihm dazugehören. Die meisten ‚halten das einfach aus', Augen zu und durch. Solange ich dabei bin, verlassen sie sich darauf, dass ich eingreife, wenn es zu wild wird (was ich natürlich auch mache). Die Kindergärtnerin trennt ihn in diesem Fall von der Gruppe. Denn er ist in größeren Gruppen meist lauter und wilder. Vermutlich überreizt? Jedenfalls darf er dann (soweit organisatorisch möglich) mit einer zweiten Erzieherin und zwei, drei anderen Kindern separat etwas machen."

WILD IM GRUNDSCHULALTER (6–10 JAHRE)

Mit einem wilden Grundschulkind wird vieles leichter, weil es eher begreifen kann, was sein Verhalten bei anderen auslöst, und weil es auch bewusster daran arbeiten kann, bestimmte Situationen anders zu händeln. Andererseits wird auch manches schwieriger, da die Schule weniger „kuschelig" ist als der Kindergarten – und weil das größer werdende Kind mehr und mehr nach Freiräumen strebt. Das heißt, es ist häufiger ohne dich unterwegs. Selbstregulation wird immer wichtiger.

Ein Kind im Einschulungsalter mit einem forschen Temperament streckt immer mehr seine Flügel aus: Seine Kreise werden größer, sein Übermut erhöht die Risiken, der Umgang mit Gleichaltrigen im Klassenzimmer und auf dem Schulhof wird fordernder, und du musst den Mittelweg finden zwischen Vorsicht und einem gesunden ersten Loslassen. Zum Glück kommt im Grundschulalter immer mehr Reflexionsfähigkeit hinzu und die Aneignung der Welt geschieht nicht mehr primär übers Spielen, sondern auch viel übers Sprechen. Dein Kind sollte besser wahrnehmen und in Worte fassen können, was (seine) Verhaltensweisen bei anderen auslösen können. Es dürfte jetzt immer häufiger dazu imstande sein, Kompromisse mit Freundinnen und Freunden einzugehen und weniger egozentrisch aufzutreten. Außerdem wird es vielleicht selbst den Wunsch verspüren, etwas zu verändern, weil es schlechte Erfahrungen klarer wahrnimmt und besser einordnen kann. Das sind gute Voraussetzungen, um weiter über Strategien im Umgang mit der Wildheit zu reden.

Maike (32), Mutter von drei Kindern (1, 4 und 7), über ihre 7-jährige Tochter

„Ihr Verhalten in Gruppen löst bei mir oft Scham aus. In der Schule gibt es keinerlei Leistungsprobleme, sondern nur auf sozialer Ebene. Allen Situationen ist gemein, dass sie sich selbst und ihre Bedürfnisse in den Vordergrund drängt. Ihr Empfinden: Die gesamte Klasse muss mit dem Losgehen zum Mittagessen warten, wenn sie noch ihr Bild zu Ende malen will. Wenn alle anderen Kinder beim Kindergeburtstag eine bestimmte Geschichte hören wollen, sie selbst aber eine andere, ist es gemein, wenn die Geschichte gelesen wird, die alle anderen wollen. Auf dem Spielplatz ist es selbstverständlich, dass sie die Sandburg eines anderen Kindes zerstören kann, weil sie ‚eine viel bessere Idee' hat. Ich finde, das geht schon stark über ein kindestypisches Maß an Egoismus hinaus und ist in systemischen Situationen wie dem Schulalltag problematisch. Zurückhaltung, Schüchternheit, Zaghaftigkeit, Mutlosigkeit, Selbstzweifel – all das hat dieses Kind nie gekannt.

Aber sie ist verbal teils sehr zugänglich, weil sie selbst auch sehr verbal ist. Das heißt, in der richtigen Stimmung erwischt, kann man ihr ganz viel erklären und in der Gefühlswelt anderer begreiflich machen. Es passieren dann richtige ‚Aha-Momente' bei ihr, die sie auch mitteilt. Das ist schön zu erleben. Dass die Lehrerin in der Schule den Beruf und ‚die Pflicht' hat, den Schülern bestimmte Sachen beizubringen, und das nicht machen kann, wenn ganz viel Unruhe im Unterricht ist. Solche Dinge. Es klappt nicht immer, aber immer öfter."

Achte grundlegend auf folgende Bereiche:

Struktur: Bleib dabei, deinem Kind einen guten Rahmen zu bieten: klare Wochenpläne, wenige Programmpunkte, wertvoller Input, gute Bezugspersonen, unbedingt Zeit für Freiräume. Schaut gemeinsam hin, was notwendig ist, was ihr euch wünscht und wie sich beides vereinen lässt.

Spielraum und Kompromisse: Gewähr deinem Kind immer mehr Möglichkeiten mitzuentscheiden: Viele Dinge sind gesetzt (wichtige Routine), aber wie kann die genaue Umsetzung aussehen? Lass dein Kind wählen: Hausaufgaben müssen gemacht werden, aber wann, wo und wie ist verhandelbar. Der gebuchte Sportkurs sollte besucht werden, aber wie Hin- und Rückweg aussehen, was das Kind anzieht oder ob es ausnahmsweise jemanden mitnehmen darf, kann dein Kind mitentscheiden. Mach deutlich, dass es hier Autonomie ausleben und neue Anreize suchen darf, dafür aber andere Bereiche noch immer unter deiner Anleitung stehen.

Regulation: Bleib Regulationshilfe, indem du auf dich achtest und dein Kind auf dieser Basis möglichst oft wertschätzend und gelassen unterstützt, Gefühle sozial verträglich auszuleben. Viele der im vorangegangenen Kapitel für Kindergartenkinder genannten Alternativstrategien (oral, manuell, ganzkörperlich) sind auch im Grundschulalter noch tauglich und erlernbar.

Emotionen: Egal was (z. B. tagsüber in der Schule) passiert ist, frag dein Kind nach seinen Gefühlen in dem Moment. So kannst du dich besser einfühlen, was ein bestimmtes Verhalten motiviert hat, und dein Kind bleibt in Kontakt mit seiner Innenwelt.

Berechenbarkeit: Inzwischen hast du dich vermutlich daran gewöhnt, dass euer Alltag eher geplant als spontan ist. Behalte das bei, wo es geht, denn Herausforderungen, auf die sich dein Kind ad hoc einstellen muss, warten auch so ausreichend auf euch. Aber trau deinem Kind etwas zu und lass immer wieder Raum für Spontanität, gerade in Bezug auf Freundschaften und Unternehmungen. Ausprobieren und im Nachgang analysieren ist besser, als von vorneherein alles zu vermeiden!

Planung: Achte weiterhin darauf, dass eure Unternehmungen nicht zu strapaziös werden. Zu viele Menschen, große Hektik, zahlreiche Reize fordern dein Kind nach wie vor heraus. Es wird sie besser bewältigen können als mit 3, aber je nach Menge oder Intensität wird es dennoch aufdrehen und viel Unterstützung brauchen.

Risiko: Dein wunderbares wildes Kind wird aufgrund seiner Veranlagung wohl weiterhin die Gefahr suchen. Es braucht intensive Reize für sein Wohlgefühl. Vielleicht kannst du das kanalisieren, indem du mit ihm gemeinsam nach Hobbys suchst, die dazu passen: ein Kurs in einer Kletterhalle, herausfordernde Leichtathletik- oder Schwimmdisziplinen, die auspowern, die Möglichkeit, ein Waldstück aufzusuchen, in dem Klettern, Toben und auch Schnitzen okay sind, die Mitgliedschaft bei Pfadfindern oder einem Parcours-Club ... Bewegung und Herausforderung sollten kombiniert werden, sodass dein Kind sich richtig stark spüren und verausgaben kann.

Entspannung und Nähe: Denkst du noch daran, bewusst entspannte Momente einzuplanen? Im Grundschulalter kann das vor allem das Lesen miteinander sein und Berührungen sollten weiterhin dazugehören. Auch wenn dein Kind vor Freunden eher cool tut, ist es zu Hause vielleicht glücklich mit deinen Angeboten für Umarmungen, Massagespiele oder Kitzeleien und Getobe. Sucht dein Kind sogar mehr Körperkontakt, als dir angenehm ist, kannst du versuchen, das mit Bewegungs- und Geschicklichkeitsspielen im Team gezielter aufzufangen. Und versuche, es positiv zu sehen. Du wirst immer noch gebraucht.

ENTSPANNUNG ≠ STILLSITZEN

Ist dein wildes Kind auch ein extrovertiertes, werden körperliche Ruhe und Nähe nicht die einzigen Entspannungsarten sein, die es braucht. Es ist gut, wenn sein Körper diese kennt, aber sorge für ein Gleichgewicht zur bewegten, inputstarken Entspannung: Um sich gut zu fühlen und letzten Endes auch selbstbewusst zu sein, ist Bewegung dann genau das Richtige. Bei seinem Temperament musst du nur weiterhin beachten, dass möglicher Übermut nicht zu viel Risiko mit sich bringt. Der Fokus sollte darauf liegen, Risikogefühl und Absicherung zu verbinden: Klettern mit Seilsicherung, Mountainbike Fahren mit Radler-Integralhelm .... Je mehr du dein Kind üben lässt, desto sicherer kann es werden – und entspannter!

Ist dein Kind auf diese Art zu Hause gut aufgestellt, spürt Freiheiten, fühlt sich feinfühlig begleitet und sicher gebunden, wird ihm auch der Übergang in die Schule leichtfallen. Denn es traut sich vermutlich, die Lehrkraft um Hilfe zu bitten, und wird in der Regel auch unterstützende Kritik gut annehmen können. Ebenso wird es sich sicherer unter Gleichaltrigen bewegen, denn es ist geübter in Strategien des sozialen Miteinanders und wird im heimischen Alltag geschont durch das gute Auswählen und auch Vermeiden stressiger, reizstarker Situationen.

Doch man kann hier nur von Wahrscheinlichkeiten sprechen. Wie sicher dein Kind mit seinem Temperament umgehen kann, zeigt sich erst im Rahmen des Schulstarts: Die neue Umgebung, eine wenig einfühlsame Lehrkraft, eine ungünstige Zusammensetzung der Mitschüler oder fordernde Ereignisse im Privatleben können dein wildes Kind beeinflussen und erlernte Strategien und Entspanntheit verschwinden lassen. Es gibt keine simple Schlussfolgerung, dass aus Begleitung X Entwicklungserfolg Y wird.

Außerdem kann die verstärkte Kompetenz deines Kindes dazu führen, dass es gerade *nicht* einfacher mit dir zusammenarbeitet, sondern beginnt, deinen Weg zu hinterfragen. Hier sind die genannten Punkte, Spielraum und Kompromisse, sowie auch Klarheit die wichtigsten Helfer: Lass dich auf erste Kritik ein, hör zu und übergeh dein Kind nicht. Korrigiere deine Ansichten und Pläne im Austausch mit ihm. Aber stehe zu den Bereichen, die du für unabdingbar hältst.

Begleitest du dein Kind schon länger mithilfe dieses Buches und ist es nach der Einschulung noch beständig oder erneut heftig herausfordernd für dich und andere, sodass ihr Einschränkungen spürt, wiederhole die Checks A und B und sprich frühzeitig Lehrkräfte, Schulpsychologin, Kinderärztin oder Erziehungsberatungsstellen an, um dich sicher zu fühlen und passende Unterstützung zu bekommen. Hilfesuche heißt nicht sofort, dass da mehr ist als ein besonderes Temperament! Vielleicht fehlt einfach ein systemischer Blick auf eure Familie, den nur jemand von außen leisten kann. Zu langes Aushalten übermäßig fordernder Situationen ist weder gut für die Persönlichkeitsentwicklung eines Kindes noch für die Kraftreserven des begleitenden Elternteils.

„Mit so was kommst du nicht allein klar?!“ So ein Vorwurf tut weh, kommt aber immer wieder, wenn Eltern sich Unterstützung suchen, gerne gekoppelt mit einem „Früher haben wir das auch allein geschafft!“ Sollten solche Worte in deinem Kopf rumoren, möchte ich dir folgende Gedanken mitgeben:

- *Du bist du mit deiner Geschichte und deinen Prägungen – niemand kann oder darf beurteilen, was du aushalten kannst und was nicht.*
- *Wir sind heute sensibler in Bezug auf Kinder, ihre Gefühle und ihre Temperamente. Das ist ein wichtiger Schritt hin zu einer mitfühlenderen, faireren Gesellschaft. Wie man das begleitet, haben die meisten von uns aber nicht von den eigenen Eltern gelernt.*
- *Die Anforderungen an Familien (Eltern und Kinder!) sind heute viel größer und üben oft starken Druck auf die elterliche Kraft und Psyche aus.*
- *Sich Hilfe zu suchen, ist immer ein Zeichen von Stärke.*

Falls du dich nicht überfordert fühlst, reicht weiterhin die heimische Begleitung aus:

- Schaffe möglichst entspannte Lebensumstände.
- Begleite (immer weniger persönlich, dafür weiterhin emotional und im Dialog in der Vor- und Nachbereitung).
- Entwickelt gemeinsam Handlungsideen.
- Lass Platz für neue Eindrücke.
- Klär das Umfeld (also auch Lehrkräfte) auf, bitte um Unterstützung und frag nach Erfahrungen und Ideen.
- Erinnere dich, dein Kind und alle anderen immer wieder an all die guten Seiten deines Kindes und an die großen Schritte, die es schon gemacht hat.

Unterschätz nicht, wie wichtig du hier auch noch für dein Grundschulkind bist: Regulationshilfe anzubieten und selbst ein gutes Vorbild im Umgang mit Emotionen und Stressabbau zu sein, falls dein eigenes Temperament dem deines Kindes ähnelt, sind immens wichtig.

Fördern und Lernen

Spätestens wenn ein Kind in der Schule ist, steht sein Intellekt ständig im Fokus. Wer schüchtern und belesen ist, gilt als clever und angenehm, hat maximal im Mündlichen Probleme. Wilde und laute Kinder werden in verschiedene Schubladen gesteckt. Vielleicht engagiert und interessiert. Oft eher nervig, störend, unkonzentriert. Anstrengend, unterbrechend, unaufmerksam. Zänkisch, übergriffig, regellos. Was kann das sein? Überforderung? Gar eine Störung? Unterforderung? Hochbegabung?

Lass dich nicht mitziehen von irgendwelchen Meinungen und Laiendiagnosen. Wenn du den Eindruck hast und eventuell auch die Lehrkraft dir zurückmeldet, dass es Lernschwächen, Konzentrationsprobleme oder emotional beeinflusste Schwierigkeiten im Unterricht gibt, lass dich nicht verunsichern oder in irgendeine Richtung drängen. Fang nicht an, zu Hause wie wild mit deinem Kind irgendwelche Tests aus dem Internet zu machen oder Fördermaterial zu besorgen. Begabung und Intellekt sind schwer einzuschätzen. Dafür gibt es Fachleute. Kinderärztinnen sind die richtigen Ansprechpartnerinnen, um die Unsicherheit loszuwerden. Vielleicht ist da nämlich gar nichts Außergewöhnliches, aber das Setting in der Klassengemeinschaft oder auch die Beziehung zur Lehrperson sind Auslöser. Eine gute Diagnostik sollte darauf schauen. Und wenn doch ein intellektueller Aspekt eine Rolle spielt, ist ein professioneller Förderplan viel sinnvoller, damit dein Kind nicht überrannt wird und jede Motivation verliert.

Denk zu Hause rund um Schule und Förderung immer daran, dass dein Kind auch als Schulkind nicht einfach nur Lerner ist und intellektuellen Input braucht: Es benötigt insbesondere auch emotionale Stabilität und sollte im Bereich der Gefühle weder unter- noch überfordert werden. Keine Hausaufgabe der Welt ist es wert, eure gute Beziehung durch Kühle zu belasten. Keine Rückmeldung aus der Schule ist es wert, ins respektlose, autoritäre Strafen zu verfallen. Für keine Absprache in Bezug auf gefundene Stressstrategien kannst du hundertprozentig sicher erwarten, dass dein Kind sie einhält. Es ist immer noch Kind. Es braucht deinen Blick darauf, warum dies oder das geschehen ist, welche Bedürfnisse, Sorgen und Ängste dahinterstecken. Und es braucht weiterhin deine liebevolle, zugewandte Begleitung:

- Gefühle sollten bewusst Thema bleiben.
- Die Verantwortung für die Beziehung bleibt bei dir – *„Ich gehe wieder auf mein Kind zu.“*
- Überfordern und Überschätzen sind oft Gründe für Konflikte. Achte bewusst hierauf, bevor du deinem Kind Schuld oder Vorsatz unterstellst. – *„Was steckt dahinter?“*
- Konflikte mit anderen sind in vielen Fällen immer noch deine Aufgabe. Dein Kind kann weiterhin nicht konsequent logisch an

Dispute herangehen, sondern wird sich von seinem Temperament und den überbordenden Emotionen leiten lassen. Das heißt, es wird vieles nicht allein lösen können. – *„Ich biete an zu helfen."*

Lernen zu Hause und das Erledigen von Hausaufgaben sind meist das forderndste Konfliktfeld. Ein impulsives Kind zu begleiten, braucht Fingerspitzengefühl:

- Du bist nicht dafür verantwortlich, dass dein Kind seine Hausaufgaben macht. Deine Rolle ist, das Setting gut zu gestalten und dich mit der Lehrkraft auszutauschen, falls es Probleme gibt. Däng dich nicht auf. Dein Job ist loszulassen, statt zu nerven.
- Das heißt, du musst nicht zwanzigmal wiederholen, dass dein Kind jetzt bitte loslegen soll, sondern dich stattdessen von Anfang an mit ihm hinsetzen und überlegen, wie sein Arbeiten aussehen kann. Findet gemeinsam Regeln für Zeiten, Wochentage, Abläufe. Erstellt einen Plan, der Pausen beinhaltet und motivierend gestaltet ist, indem er von schwierigen zu simpleren Arbeitsaufträgen weist.
- Sei dabei, wenn dein Kind arbeitet, und beachte seine Leistungen und seine Selbstständigkeit. So wird dein Kind nicht das Gefühl bekommen, nur beim Nichtarbeiten beachtet zu werden.
- Lass Bewegung und ungewöhnliche Arbeitsorte zu: Liegend, in der Schaukel, stehend, auf dem Bett – alles ist okay, wenn es der Konzentration hilft. Das heißt nicht, dass dein Kind mit 30 Jahren im Job immer noch beim Lösen einer Aufgabe hüpft!
- Zeigt dein Kind sich ständig „hilfsbedürftig" durch wütendes Verweigern o. Ä., schau hinter das Verhalten: Wie steht es um sein Selbstwertgefühl? Bekommt es genügend Aufmerksamkeit und gute 1:1-Zeit mit dir, fernab von schulischen Themen? Hilfst du vielleicht zu viel und schiebst dein Kind in Bequemlichkeiten? Kann es sich nicht gebraucht fühlen?
- Steckt dein Kind häufiger fest und verweigert sich, hol die Schule mit ins Boot. Die Lehrer*innen müssen wissen, was los ist. Damit schadest du deinem Kind nicht etwa, sondern suchst nach Lösungen.

- Vielleicht *kann* dein Kind gar nicht besser arbeiten, weil ihm nicht nur sein Temperament im Weg steht, sondern noch etwas Tieferliegendes wie eine Lernstörung. Sorgst du dich hier, lass es professionell abklären.
- Manchmal reicht es schon, das Lernthema auszulagern: Hausaufgabenbetreuung gibt es in den meisten Grundschulen, aber auch in Kirchengemeinden, oder vielleicht lässt sich eine private, betreute Gruppe organisieren. Schüler*innen im Jugendalter wirken manchmal motivierender als Erwachsene, und insgesamt bleibt das Zusammentreffen von emotionalen Eltern-Kind-Themen und schulischen Belangen weitgehend aus. Viele Kinder können so besser arbeiten.

Fördern soll sich aber natürlich nicht nur aufs Schulische und Intellektuelle beziehen. Leidenschaften und Zwischenmenschliches sind mindestens genauso wichtig – vergiss das nicht, wenn du auf dein Kind schaust. Wie das geht, liest du in den folgenden Kapiteln.

Gesprächsführung

In der Grundschule wirst du in der Regel relativ schnell miteinbezogen, wenn es in Bezug auf das Verhalten deines Kindes Gesprächsbedarf gibt. Aber im Schulalltag wird dein Kind oft allein in Situationen kommen, in denen es über sich sprechen muss – und zwar meist in emotional fordernden Momenten. Dafür kannst du es zu Hause stärken, ganz gleich, ob es um Kommunikation mit der Lehrperson oder den Klassenkamerad*innen geht:

Kontrollier dich! – Je mehr ihr Entspannung und gute Wutstrategien zu Hause geübt habt, desto besser wird dein Kind sich beruhigen können. Im Akutfall helfen ihm ein Satz oder eine Geste, sich daran zu erinnern: Spürt dein Kind die Anspannung hochkommen, kann es mit dir üben, die Hände zusammenzuführen und zu drücken, die Beine fest auf den Boden zu stellen, sich hinzusetzen oder einen Schritt zurückzumachen. So lässt sich die ein oder andere Handgreiflichkeit verhindern.

Respektiere den anderen! – Damit trotz Ängsten oder Frust Austausch möglich bleibt, kann es helfen, dass du mit deinem Kind übst, beim Streiten in Augenkontakt zu bleiben. Wenn es merkt, dass es selbst schreien muss oder sein Gegenüber dies tut, könnte es spielerisch an den Lippen einen Lautstärkeregler bedienen.

Hol dir Verstärkung! – Manchmal kann es einem Kind helfen, jemanden an seine Seite zu holen. Auch das kannst du zu Hause üben: Wie findet es einen Ansprechpartner, wie kommt es in Kontakt? Habt einen eingeübten Satz parat, wie *„Kommst du mal dazu?"* oder nutzt gegebenenfalls den Namen der-/desjenigen.

Du bist niemals allein! – In Konfliktsituationen mit Lehrkräften oder Mitschüler fühlt dein Kind sich vermutlich oft in die Enge gedrängt, hat vielleicht Angst vor Strafe, spürt Unrecht. Sprich mit ihm darüber, dass das alles berechtigte Gefühle sind, die aber keine Angst machen müssen. Vielleicht wird es in dem Moment unfair behandelt und bekommt eine fiese Strafe aufgebrummt, aber das ist nicht das Ende. Es kann alles zu Hause erzählen und wirkliche Ungerechtigkeiten können auch im Nachgang noch geregelt werden – dann mit deiner Hilfe.

Ich helfe dir! – Im Nachhinein kannst du dein Kind unterstützen, Geschehenes zu analysieren und erneuten Vorkommnissen dieser Art vorzubeugen. Frag nach seinen Beweggründen und beleuchtet gemeinsam die der anderen. Überlegt, ob eine Entschuldigung angebracht wäre und gegebenenfalls auch, warum nicht! Und schau besonders auf die Wünsche deines Kindes: Was möchte es lernen?

Du bist stark und kannst respektvoll streiten! – Hilfst du deinem Kind im Alltag dabei, ein gesundes Selbstbewusstsein aufzubauen, weil es seine Talente ausleben darf und Zutrauen spürt, und streitet ihr zu Hause möglichst auf sehr lösungsorientierte Weise, hat es die besten Voraussetzungen dafür, dass die Auseinandersetzungen in der Schule immer weniger heftig werden. Hierbei können dir auch die Tipps zur Gewaltfreien Kommunikation helfen.

Motivation, Neugier und Konzentration

Dein wunderbares wildes Kind hat wahrscheinlich nicht so viele Probleme dabei, motiviert und neugierig zu sein, sondern sprudelt eher über: hochmotiviert, extrem neugierig, immer auf der Suche nach Input, Spaß, Aufgaben?! Die Konzentration kann hierunter leiden. Dies lässt sich auf die besonders starke Reizsuche zurückführen, die das Gehirn eines wilden Kindes ausmacht. So sitzt es vielleicht im Extremfall mit Matheheft, Dinobuch, Hörspiel und Trillerpfeife im Schaukelstuhl und übt Fingerschnipsen, springt auf, wenn es klingelt, und rennt direkt weiter zum Küchenfenster, weil Autobremsen quietschen.

Hilf ihm, sich zu fokussieren:

Basis: Gibt es ausreichend Entspannung und Freiräume im Alltag? Sind alle Grundbedürfnisse befriedigt, wenn es an eine Aufgabe gehen soll? Müde spät am Abend solltet ihr beispielsweise nichts „eben noch schnell" fertigmachen.

Durchführung: Unterstütz dein Kind beim Planen von Aufgaben: Was ist zu tun, für wann in welcher Reihenfolge? Hilfreich ist auch, ganz klar vom Kind formulieren zu lassen, was die Aufgabe ausmacht. Sanduhren machen die Zeit greifbarer, visuelle Aufgabenerinnerungen (Tages- oder Wochenpläne) helfen. Lagert so viel wie möglich aus dem Kinderkopf (und auch aus deinem) aus: vielleicht mit Klebezetteln, guten Orgasystemen oder technischen Remindern. Das müsst ihr nicht kaufen, sondern könnt es auch basteln.

Fokus: Schütz dein Kind vor zu vielen Reizen. Natürlich soll es ausprobieren, zu lernen oder zu lesen, während Musik dudelt. Aber wenn es so offensichtlich nicht zurechtkommt, ist es an dir, Strukturen durchzusetzen – liebevoll und zugewandt, aber bestimmt.

Miteinander: Gespräche zwischen dir und deinem Kind bleiben das A und O. Redet über Stress und Ängste, aber auch inhaltlich: Warum ist die Unterstützung im Haushalt wichtig? Warum ist uns gegenseitiges Helfen wichtig? Wieso ist Lesen so relevant? Was motiviert dich? Wo bremst dich etwas aus? Wie hilfst du dir dann? Erwarte nicht, dass dein Kind allein etwas verändert, nur weil du es 200-mal gesagt hast – geh mit in die Situation, sei dabei, engagier dich.

Üben: Hilf deinem Kind, seine Sinne zu schärfen. Ihr könnt bewusst darauf achten, draußen bestimmte Naturgeräusche anzuhören (am besten mit geschlossenen Augen), die Farbe oder Beschaffenheit von einem Gegenstand genau zu beschreiben oder Bewegungen ganz gezielt auszuführen (Gymnastik, Yoga usw.).

To-do-Listen schon für Kinder? Das klingt ja schrecklich? Im ersten Moment vielleicht, denn eine unbeschwerte Kindheit zwischen Apfelbäumen und Blumenwiesen ist so ein schönes Idealbild. Doch es gehört natürlich auch einiges an Pflichten dazu. Meist sind es die Hausaufgaben, aber darüber hinaus bleiben auch Aufgaben im Haushalt oder die Körperpflege. Warum sollt ihr dazu keine optischen Hilfen in Form von To-do-Listen nutzen? Nur weil sie ans Büro erinnern? Probiert es aus, schreibt auch Pizzabacken, Massage und „Chillen" mit auf die Liste. Ganz, wie es zu euch passt.

Hast du stattdessen den Eindruck, trotz des forschen Temperaments könnte die Motivation deines Kindes größer sein?

Lass es spüren, dass sich Motiviertsein lohnt:

- Ermuntere dein Kind zu Aktivitäten, für die grundsätzlich Interesse da ist und bei denen du ahnst, dass ein kleiner Erfolg möglich ist. Je öfter es so etwas angeht und auch tatsächlich bewältigt, desto mehr wird diese Lust normal werden. Das sollte nicht nur Freizeitaktivitäten betreffen, sondern durchaus auch Tätigkeiten für die familiäre Gemeinschaft, wie das Einkaufen.
- Sei deinem Kind ein Vorbild dabei, dass Missgeschicke und Fehler jedem passieren können und nicht mit Strafen geahndet werden. Dann kann dein Kind Schwieriges und Neues viel lockerer angehen. Sprecht offen über blöde Momente und überlegt, was sich daran ändern ließe, aber auch was schon gut gelungen ist. Das stärkt den Selbstwert.
- Motivation sollte mittelfristig aus dem Kind selbst kommen und nicht vom Umfeld. Dafür muss es verstehen, wofür es etwas tut. Erkläre genau, was es persönlich davon hat und wie auch andere davon profitieren – ganz oft nimmt das die scheinbare Egozentrik aus der Situation. Verleih dem Engagiertsein einen Sinn, indem ihr miteinander viel über das Gewagte redet.
- Steiger seine Lust aufs Tun durch Abwechslung bei kleinen Herausforderungen im Alltag.
- Schenk ihm offen Zuneigung. Liebe und Geduld sind nicht immer einfach beizubehalten, wenn ein Kind ständig demotiviert wirkt. Aber Druck und besonders Gefühlskälte lassen den Spaß an der Sache schnell verpuffen. Erwischst du dich dennoch dabei, deinem Kind gegenüber immer ungeduldiger zu reagieren, hol externe Hilfe dazu. Kinderärztinnen oder eine Erziehungsberatungsstelle sind erste, gute Anlaufstellen.
- Ein kleines bisschen Stress durch Herausforderungen ist positiv und stärkt insgesamt die Aufmerksamkeit des Kindes; mute ihm das immer wieder zu. Zu viel Stress überfordert und schadet aber

ebenso wie dauernd erlebtes Scheitern. Also halte dich zurück, dosiere genau, erwarte nicht zu schnell zu viel, und nimm Rückschritte in Kauf.
- Lass in deiner Begleitung immer Zuversicht erkennen. Denn Motivation und ein positiver Blick auf die Welt hängen eng zusammen. Pessimismus bremst aus.

Alltag zwischen Geschwistern, Fremden und Medien

Dein wunderbares wildes Kind sorgt zu Hause vermutlich oft für Trubel, der das Leben nicht immer nur bunter macht, sondern manchmal schwer zu ertragen ist. Forschheit fordert!

Familienleben

Es sollte klare Bereiche geben, in denen es seinen extremen Übermut ausleben kann, aber auch deutliche Stoppsignale.

Lautsein: Dein Kind merkt oft gar nicht, dass es laut ist, auch wenn du gerade erst mit ihm darüber gesprochen hast. Natürlich darfst du erinnern, aber versuche es vorsichtig. Vielleicht kannst du dein Kind umlenken, wenn es gerade laut sein muss, um Druck abzulassen: Manchmal helfen Pustespiele (mit Watte, mit Strohhalmen, mit Flaschenhälsen) die Mundaktivität umzuleiten, manchmal hilft innen nur Schallschutz (Türen zu, Gehörschutz für dich, ein Kartonhaus, ein Igluzelt, eine Deckenburg fürs Kind). Wenn möglich, geht raus, wenn es gar nicht einzudämmen ist. 30 Minuten vor der Tür wirken manchmal Wunder. Schlag dir aus dem Kopf, dass du doch eben nur schnell dies oder das machen wolltest, um dann mit deinem Kind etwas zu unternehmen: Jetzt musst du die To-do-Liste umdrehen!

Kreativsein: Schaffe deinem Kind einen Ort, an dem es sein Temperament kreativ ausleben kann: eine Tischplatte, die verkleckert und verklebt werden kann, darunter eine Wachstuchdecke oder ein günstiger Duschvorhang, um den Boden zu schützen, und alles an Material, was dir in die Finger kommt. Das können Farben, Kleber und gekaufte Pappen sein. Aber auch Papierreste, Woll- oder Stoffstücke, Hölzchen und Steine, Zeitschriften und Werbeblättchen, Servietten, ein Tacker oder auch Hämmerchen und Nägel. Sammle alles und stelle es in einem kleinen Ordnungssystem parat. Sprecht Nutzungsregeln ab und passt sie an, wenn etwas schiefläuft. Klären, nicht meckern!

Wildsein: Die Energie muss raus. Gehen immer noch oft Dinge kaputt, liegt das Problem in der Regel nicht im Kind, sondern am nicht geeigneten Umfeld. Denn es kann seine Kräfte jetzt ausreichend gut abschätzen. Du musst helfen. Am besten draußen. Aber wenn das nicht möglich ist? Sammelt an Festtagen für ein größeres Geschenk, wie eine Sprossenwand, ein Hüpfpolster, einen Hängesitz oder eine Indoor-Schaukel. Es gibt mittlerweile zahlreiche Angebote, die auch für kleinere Wohnungen oder den schmaleren Geldbeutel geeignet sind. Diese Dinge können so viel Entspannung bringen und deinem Kind zeigen, dass sein Bedürfnis nach Toben nichts Negatives ist.

Mutigsein: Lass dein Kind ein bisschen tollkühn sein: Wenn es plötzlich etwas ausprobieren mag – eine Sportart, einen fremden Weg, einen neuen Kontakt, ein Werkzeug –, was dir vielleicht im ersten Moment als zu riskant erscheint, versuche es zuzulassen. Schau nach Absicherung, aber lass auch los. Trau zu! Arbeitet zusammen an der Werkbank, übt den Weg an der großen Straße, geht Lösungen durch, wie man Hilfe holen kann, wenn man sich verlaufen hat, klärt, in welchem Geschäft auf dem Weg dein Kind nach einem Telefon fragen kann o. Ä. Dein Kind ist jetzt ein Schulkind und hat schon viel von dir gelernt. Ein bisschen Risiko gehört dazu. Das wird ihm guttun.

Chefsein: Lass dein Kind immer wieder Dinge entscheiden, die sonst in deiner Hand liegen: Was wird gekocht? Gehen wir Samstag oder Sonntag zu Oma? Welchen Film schauen wir im Kino? An welchem Wochentag machen wir Fingerfood und Rülps-Olympiade? Wann werden die Hausaufgaben erledigt und wo? Nehmen wir das Auto oder den Bus? Wer entscheiden darf, kann auch Entscheidungen aushalten.

Pause: Es gibt dann so viele Möglichkeiten für dein Kind, sein Temperament auszuleben, dass es auch Pausen annehmen kann. Aufgrund seiner Entwicklung sollte ihm diese Regulation inzwischen möglich sein. Wirkt es nicht so auf dich? Dann braucht es deine Hilfestellung: Vielleicht sind Räume daheim zu weit auseinander und sorgen für innere Unruhe, sodass eine Pausenzeit nicht akzeptiert werden kann? Können Pausenzeiten miteinander gefüllt werden statt vereinzelt – du machst die Augen zu, dein Kind sitzt mit Kopfhörern und Hörspiel daneben? Ist die Zeitspanne unklar und kann auch hier eine Sanduhr hilfreich sein? Kannst du für die Pause formulieren, was dein Kind tun kann, anstatt zu sagen, was es nicht tun soll? Hast du mit dem Kind zusammen entschieden, wann Pausen im Wochenplan auftauchen sollen? Habt ihr gemeinsam eine Geste entwickelt, die jeder von euch nutzen darf, um zu zeigen *„Ich liebe dich, aber ich brauche kurz Zeit für mich.“*?

Gute Nächte

Am Tag ein Haudrauf, aber abends und nachts noch ganz klein – auch das macht viele forsche Kinder aus. Vielleicht äußert dein Kind klar oder zeigt deutlich, dass es auch als Grundschulkind noch nicht gut allein in den Schlaf findet. Vielleicht dreht es am Abend auch total auf und dahinter steckt die gleiche Problematik: das schwere Abschiednehmen vom Tag.

Halte dir vor Augen, dass dein Kind sich nicht so verhält, um es dir schwer zu machen, denn es denkt nicht boshaft. Es zeigt dir – eventuell recht heftig – dass es dich noch braucht: deine Nähe als Sicherheit, dich als Regulationshilfe. Das ist auch ein Kompliment. Schlafen ist nicht nur für Babys ein sehr sensibler Bereich. Ein Kind muss sich wohl und sicher fühlen, um den Tag loszulassen. Das geht auch uns Erwachsenen nicht anders!

Das Schwierigste daran ist, diese Aufgabe anzunehmen, vor allem wenn man schon jahrelang am Kinderbett saß. Doch es gibt Hilfsmittel, um die Abende für Groß und Klein akzeptabel zu gestalten:

Begleite dein wunderbares wildes Kind vom höchsten Aktivitätslevel Stück für Stück zum niedrigsten.
Die Warnung, abends nicht mehr zu toben, ist nicht gerechtfertigt; es kommt darauf an, das Kind durchs Toben und bis zur Entspannung hin zu begleiten. Im Grundschulalter kann eine Indoor-Tob-Ecke langsam zu klein sein. Alternativ kannst du mit deinem Kind Treppen hopsen oder draußen noch eine Runde rennen, vielleicht ein Trampolin nutzen oder einfach nur spazieren gehen. Vielen Kindern hilft es, wenn es nicht vom Abendbrottisch gleich in Richtung Bett geht – manchmal steckt das einfach nur als Fahrplan in unserem Kopf. Nach einem letzten Auspowern könnt ihr langsam gemeinsam runterfahren, beim Massieren, Vorlesen oder Erzählen. Fernsehzeit baut ihr am besten nach dem Essen und vor dem Bewegen ein.

Sorge für eine reizarme Umgebung.
Kinder lieben es, wenn sie aufgebaute Spielwelten abends nicht wegräumen müssen. Aber wenn sie vom Bett aus im Blickfeld sind, fällt das Liegenbleiben oft schwer. Also trennt beide Welten, so gut

es geht: Kann Gebautes in die Lego-Ecke im Wohnzimmer oder Flur getragen werden? Kann Spielen und Schlafen in verschiedenen Räumen organisiert sein? Kann der Wohlfühl-Nacht-Ort optisch vom Rest des Kinderzimmers abgetrennt werden? Ein Vorhang, ein Raumteiler, ein Betthimmel sind gute Helfer.

Mach das Bett zu einem guten Platz.
Es sollte nie ein Ort sein, der als Strafe verwendet wird (so wie Strafen allgemein vermieden werden sollten). Vielen Kindern hilft es auch, wenn sie es mit einrichten dürfen. Was für ein Bett? Welche Bettwäsche? Welches Licht? Eine schöne Überdecke oder nette Kissen? Gestaltet einen liebevollen Ort.

Sprecht noch mal über alles, was dein Kind zum Einschlafen loslassen sollte.
„Woran denkst du heute Abend? Was war heute besonders traurig oder anstrengend? Worüber hast du heute mit deinem besten Freund gesprochen? Gab es Streit? Hast du heute die Nachrichten mitbekommen? Hat dir heute das neue Computerspiel gefallen? Fühlst du dich gut?“ Sprechen ist Sortieren und Verarbeiten und du bist die*der Initiator*in.

Sorge gut für dich.
Braucht dein wildes Kind dich noch sehr zum Abschalten und Liegenbleiben, schau, dass es dir dabei möglichst gut geht, und nimm dir Lektüre, Handy, Notizbuch oder Ähnliches mit. Bestehe auf Zeit für dich beim Abendritual.

Verlängere das Bindungsband.
Sitzt du immer noch recht lange an der Bettkante und fühlst dich dabei nicht wohl, fang damit an, den Abstand in kleinen Schritten zu vergrößern, wie im Schlafkapitel für jüngere Kinder beschrieben. Deinem Grundschulkind kann ein Schubs hier guttun. Sollte seine Wildheit dabei extrem aufploppen, finde neue Strategien für die noch

wache Motorik: Liegen und Hände kneten, Zehen wackeln oder Grimassen schneiden kann euer Weg werden. So verbindet ihr Ziel und Bedürfnis.

Verbinde euch kreativ.
Schlage deinem Kind ruhige Musik oder Hörspiele vor, die du magst und über die ihr am nächsten Tag sprechen könnt. Oder knote eine Schnur von seinem Bett zu deinem, an die ihr jeweils greifen könnt.

Die meisten Grundschulkinder schlafen schon durch. Allerdings können auch hier allgemeine Schlaftiefe, Hirnreifung, Biorhythmus und bisherige Erfahrungen Probleme machen.

Wie kann das Kind tief in der Nacht Nähe bekommen, ohne dass es dich zu sehr einschränkt?

- Natürlich ist das Familienbett immer noch okay, wenn es für euch alle passt. Außenstehende sollten das nicht bewerten dürfen!
- Manchmal hilft auch ein Geschwisterbett.
- Auch ein Matratzenlager oder das Aufbauen eines Kinderbettes im oder vor dem Elternschlafzimmer kann helfen. Lass dich nicht von *„Aber das macht man doch nicht“* beirren.
- Nächtliches Wandern zu dir *ins* Bett könnte erlaubt sein, wenn das Kind aufwachen sollte und sich einsam fühlt. Du kannst es aber auch zurückbringen und dort absichernd begleiten. Zu dir *ans* Bett sollte es natürlich immer kommen dürfen.

Geschwistersituation

Dein wunderbares wildes Kind wird in einer Geschwisterreihe auch im Grundschulalter noch besonders intensiv sein. Vielleicht fällt es den anderen oft ins Wort, sucht Nähe, die von der anderen Seite nicht gewollt ist, oder Konfrontation. Ja, du darfst davon genervt sein, du darfst es anstrengend finden. Auch mal weniger liebevolle Gefühle dem einen oder anderen Kind gegenüber sind normal und nichts, wofür man sich schämen müsste. Wichtig ist dein Umgang damit. Suche keinen Schuldigen – für sein Temperament und seine Entwicklung kann kein Kind etwas. Es übt mit dir zusammen einen sozial verträglichen Umgang mit dem, was in ihm steckt und raus will; und zum Üben gehören Stolpern und Scheitern dazu. Also auch Geschwisterstress.

- Arbeite mit deinem wilden Kind an seinen Themen. Das wird auch zu Hause immer mehr Entspannung bringen.
- Arbeite mit allen Kindern an den Konfliktfähigkeiten: lösungsorientiert, gewaltfrei, in Beziehung. – *Was brauche ich und was brauchst du? Wie lässt sich das zusammenbringen? Wie kommt dein Auftreten beim anderen an?* Nehmt euch Zeit für grundlegende Klärungen bei Themen, die immer wieder aufflammen.
- Findet Zeiten für gutes Reden und auch Gesprächsregeln, damit alle sagen können, was ihnen wichtig ist, und nicht nur die forschen, impulsiven Familienmitglieder zu Wort kommen!
- Nutze, wann immer du gelassen genug bist, Humor, um Kinderstreit aufzulockern: Eine verstellte Stimme, eine Quatschfrage oder eine alberne Geste oder Bewegung können auch Grundschulkinder noch gut erreichen und aus einer Wut- oder Meckerschleife holen.
- Vermindere Konfliktsituationen durch getrennte Räumlichkeiten und geklärte Besitzverhältnisse für Lieblingssachen. Auch jeweilige 1:1-Zeiten mit dir, dem anderen Elternteil oder einer dritten Bezugsperson stützen dabei, dass jedes Kind sich selbstsicherer fühlen kann und zu Hause weniger heftig behaupten muss.

- Binde alle Kinder gleich stark in Haushaltspflichten ein, auch dein wildes Kind, das sich vielleicht forscher dagegen wehrt oder auch mal schneller etwas fallen lässt. Jeder muss mitanpacken. Jeder darf helfen und sich üben. Jeder wird gebraucht.

Aber nimm vor allem an, dass Geschwisterstreit in fast allen Familien ein Thema bleibt, bis die Kinder das Haus verlassen. Du kannst nur Mentor sein, der zeigt, wie man Konflikte löst. Harmonie herbeizaubern kannst du nicht, auch wenn Außenstehende das oft so sehen. Nur wenn es dich persönlich über allen Maßen angreift, suche dir fachliche beratende Unterstützung bei dem Thema und schau genau hin, wo du für dich mehr Raum und Erholungsphasen schaffen kannst.

Medienkonsum

Digitale Medien machen fast allen Eltern Sorgen. Wie kannst du dein Kind an das Thema heranführen, ohne dass es Schaden nimmt und ihr euch ständig zankt?

MEDIEN ZUR ENTSPANNUNG

Digitale Medien sind sicher seit dem Kindergartenalter Thema bei euch. Bis zur Einschulung solltet ihr sie gemeinsam und zeitlich klar geregelt nutzen. Bitte setze dich zugewandt durch – das wird sich auszahlen.

Manchmal heißt es, kleine Kinder sollten nicht „mit Medien ruhiggestellt werden“: Viele verstehen das falsch und glauben, Kinder dürften sich damit nicht entspannen! Doch, natürlich dürfen sie das, wie wir Großen auch. Doch in Momenten voller Wut oder Trauer sollten weder Medien noch Essen als Strategien zum Ruhigwerden angeboten werden. Das ist gemeint.

Dein wildes Kind wird sich vermutlich temperamentvoller zur Wehr setzen als andere, wenn es um die Begrenzung von Medienzeit geht. Es wird nicht von allein spüren, wann es überfordert ist. Sowohl im Vorfeld als auch im akuten Fall hast du hier verschiedene **Möglichkeiten, bei der Regulation zu helfen:**

Umgang mit Medien

Ab etwa 6 Jahren kann es auch ein eigenes Gerät für Spiele geben, das zu klaren Zeiten (eventuell abwechselnd mit Geschwistern) und an einem gemeinschaftlichen Ort verwendet wird, sodass du Einblick hast, was dein Kind macht, und mit Interesse verfolgen kannst, was es begeistert. Wählt Spiele gemeinsam aus. Sie sollten werbefrei sein, keine weiteren Kosten verursachen, speicherbar sein und keine Daten abgreifen. Und natürlich sollte Zeit für freies, reales Spielen deutlich überwiegen. Denn zu viel Passivität beschränkt die Entwicklung des kindlichen Denkvermögens, sodass aggressive Reaktionen weniger gut zurückgehalten werden können.

Das **Internet** sollte dein Grundschulkind mit dir zusammen kennenlernen. Mithilfe eines Kinderschutzfilters kann es auch allein lossurfen. Es soll erleben, dass digitale Medien kein „Schatz der Erwachsenen“ sind, sondern (in Balance mit anderen Beschäftigungen) zum Alltag dazugehören: als Lexikon, Taschenrechner, Fundort für Tierreportagen und Lernhilfen, als Atlas und Navigator, als Quelle für Musik und mehr. Erlebe mit deinem Kind zusammen, dass Computer & Co. nicht simple Berieselungsgeräte sind, sondern man damit sehr aktiv und auch sozial sein kann (Fotobearbeitung, Onlinespiele mit Freundinnen und Freunden oder Bewegungsspiele an der Konsole).

Mit etwa 9 Jahren kann dein Kind ein **Handy** nutzen, allerdings möglichst ohne mobilen Internetzugang. Beobachte jedoch den Freundeskreis: Wann kommt der Punkt, an dem dein Kind ausgeschlossen wäre, weil die meiste Interaktion über Messenger stattfindet?

Besprecht vor der Anschaffung jedes neuen Gerätes sinnvolle **Regelungen** zur Nutzungsdauer und halte offen, dass diese angepasst werden können – ihr müsst ja beide erst mal lernen, was das neue Medium mit sich bringt. Sinnvoller als die unsäglichen „30 Minuten", die so gerne genutzt werden, sind Wochenpläne, die täglich die unterschiedlichen zeitlichen Möglichkeiten zeigen, und berücksichtigen, dass einige Anwendungen mehr Zeit erfordern.

Mach deinem forschen Kind unbedingt **Zugeständnisse**, wenn es formuliert, dass es sich zu sehr gemaßregelt fühlt. Damit es kooperativ auf deine Bedenken und Wünsche eingehen kann, sollte es sich gesehen und nicht übergangen fühlen.

Nutze die **positiven Möglichkeiten** von digitalen Medien, z. B. zur Motivation bei eher drögen Lerninhalten oder auch zum Üben von gutem, empathischen Miteinander bei Onlinespielen mit anderen Kindern. Gerade bei Letzterem wird nämlich nicht nur gedaddelt, sondern es werden auch soziale Regeln geübt.

Du musst bei allem aufpassen, das Suchtpotenzial hat: Anwendungen, die täglich genutzt werden müssen, um den Punktestand zu halten, sorgen für Extrastress; hier solltest du gleich gegensteuern und Alternativen suchen. Es ist okay, digitale Medien als Hilfsmittel einzusetzen, wenn du eine Pause brauchst, aber das sollte nicht überhandnehmen, auch nicht bei lautstark geäußerter Langeweile. Sonst wird der Wunsch nach Nutzung schnell zur abgespeicherten Strategie im Kinderkopf. Auch hier solltest du **Vorbild** sein und bewusst darauf achten, nicht in jeder freien Minute mal schnell dein Handy zu checken.

Reden und Gebote sowie Alternativen zu finden, ist immer sinnvoller, als einfach zu verbieten und streng zu kontrollieren. Biete Regulationshilfe an, wenn deinem Kind das Ausschalten allein sehr schwerfällt. Und sprich mit deinem Kind über Inhalte, aber auch über Kosten, Gefahren und Etikette im Netz.

So vorbereitet kann dein Kind dann etwa mit 12 Jahren auch allein im Zimmer digital durchstarten. Im Hinblick auf sein Temperament ist eine intensive, eher längere Vorbereitung mit dir gemeinsam sehr sinnvoll. Halte Unmut aus. Solange du zugewandt statt kühl reagierst, Verständnis für Unzufriedenheit zeigst und immer wieder mit deinem Kind nach Kompromissen suchst, ist das ein sinnvoller Lernprozess. Er wird dich sicher Kraft kosten, aber weder völlige Narrenfreiheit noch ein hartes Verbot sind gesunde Alternativen.

Beziehung ist die beste Suchtprophylaxe: Pflegt dein Kind Freundschaften, Hobbys und familiäre Rituale, ist der Sog der digitalen Medien weniger heftig.

Spiel und Bewegung

Spielen ist auch im Grundschulalter noch ein wichtiges Mittel für ein Kind, um die Welt zu erleben. Es macht Spaß, es verbindet, dein Kind übt dabei Kommunikation und Perspektivwechsel (z. B. durch Absprachen bei Rollenspielen oder Sport), testet den eigenen Körper aus und nimmt diesen wahr. Das Spielen kommt von allein; Kinder brauchen dazu nicht viel – nur Zeit und Gelegenheiten, auch mit anderen zusammenzukommen. Eigentlich simpel, aber heutzutage leider selten.

Chancen: Das heißt, deine Aufgabe ist hier nicht, Spielzeug um Spielzeug anzuschaffen, das vielleicht noch mit irgendwelchen entwicklungsfördernden Versprechen beworben wird, oder Kurs um Kurs zu buchen. Du musst bloß für freie Zeiten sorgen, ansprechende Orte aufsuchen und die Möglichkeit schaffen, dass dein Kind mit dir und auch mit anderen in Kontakt kommt. Dann kann es über sich selbst hinauswachsen.

Draußen: Ihr müsst raus, dein Kind sollte mit anderen Zeit verbringen, sich in Hobbys verlieren und bei allem Familienanbindung spüren.

Gute Begleitung: Denn eine Bindungsperson in greifbarer Nähe macht Regulation leichter. Du wirst also immer noch gebraucht und musst die Freizeit vermutlich häufiger und enger begleiten als andere Eltern, um Eklats zu vermeiden.

Bewegung und Spiel: Wege zu Fuß zu gehen und dabei Mauern zu beklettern, einbeinig an der Bürgersteigkante entlang zu stapfen oder Treppen rauf- und runterzuspringen gehört genauso zur Bewegung, wie im Alltag Zahnputzspiele und Gemüsewaschwettkämpfe zu veranstalten und Zeit für Witze und für Gesellschaftsspiele zu finden.

Fass das nicht als unangenehmes „Muss“ auf, sondern als wichtigen Entwicklungsraum für dein Kind. Es lernt, sich trotz seines Enthusiasmus immer besser einzuschätzen, und riskiert mittelfristig hoffentlich weniger Verletzungen. **Du bist noch verfügbare Begleitung, aber keine Bremse.**

Dein Kind nimmt seinen Körper wahr in allem, was es kann und was es braucht. Gleichzeitig übt es Miteinander, Kompromissfindung und Beziehung. Und so wird es sich insgesamt wohl und sicher fühlen, um auch in Begegnungen mit anderen nach und nach achtsamer sein zu können: *Wie stark kann ich raufen? Wie kann ich Nervenkitzel spüren und wie Erholung? Wie kann ich Nähe bekommen? Wie kann ich fragen, was ich wissen will? Wie kann ich sagen, was ich mir wünsche? Wie kann ich Humor einsetzen, um Anspannung zu lösen?*

Ein gesundes Körpergefühl kann wachsen. Selbstsicherheit entsteht. Das greift ineinander, und auf dieser Basis kann dein wunderbares wildes Kind sich auch auf die Bedürfnisse, Gefühle und Sichtweisen der anderen einlassen.

Kontakte

Im Grundschulalter haben meist noch weniger Menschen Verständnis dafür, wenn Kinder aus Übermut heraus unhöflich und wild sind. Mit der Einschulung wird erwartet, dass Kinder stillsitzen und sich zurücknehmen können sowie einzuschätzen vermögen, was ihre Handlungen in anderen auslösen. Theoretisch ist ihre geistige Entwicklung in diesen Bereichen dann auch deutlich vorangeschritten, aber ihr Temperament bleibt impulsiv, spontan, laut und engagiert.

Einerseits klingt das ziemlich gut, denn dein Kind lässt sich nicht die Butter vom Brot nehmen, traut sich wahrscheinlich, auf dem Sportplatz und im Supermarkt zu sagen, wenn jemand es benachteiligt, und ist oft enthusiastische Triebfeder im Alltag. Andererseits wird diese Art aber von vielen als unangenehm empfunden, gerade wenn ein großes Grundschulkind statt eines kleinen, niedlichen Kindergartenkinds vor einem steht. Diese Zweischneidigkeit ist sein Begleiter.

Besonders, wenn dein Kind sich in der Schule schon stärker regulieren muss, als es sein Naturell eigentlich gut schaffen kann, wird die Regulationsfähigkeit im Alltag abnehmen.

Was kannst du tun?

- Sprich immer wieder mit deinem Kind über gewisse Umgangsregeln. Vermeide Erklärungen, die ein simples *„Das macht man so."* beinhalten. Viel sinnvoller ist es, mit dem Kind aktiv den Perspektivwechsel zu üben: *„Weil das die anderen nicht überfährt, ihnen nicht zu laut ist."* Hilf ihm, zu begreifen, warum die einen Verhaltensweisen negativ und die anderen positiv empfunden werden. **Wenn dein Kind die Gefühle seines Gegenübers wirklich versteht, kann es aus echtem Erkennen heraus umsichtig handeln!**
- Sei aber mehr Vorbild als „Vorbeter": Fall selbst niemandem ins Wort, nimm dich auch gegenüber deinem Kind zurück, zeige Liebesbekundungen oder Arten der Auseinandersetzung, die nicht übergriffig wirken. Und bremse dein Kind nicht hart und durch Verbote aus, sondern zugewandt und mit Ideen.
- Ist dein Kind noch sehr verspielt, kannst du Rollenspiele ausprobieren. Mit Ernst aber auch Leichtigkeit und Humor kann es trainieren, wie Gespräche und Kontaktaufnahmen mit Verwandten, Verkäufern, Ärztinnen o. Ä. besser ablaufen können.

Immer wieder wird es jetzt ohne dich in entsprechende Situationen kommen. Du kannst also nur im Vor- oder Nachhinein helfen und nicht mehr im Akutfall begleiten. Bist du dabei, darfst du natürlich noch (wertschätzend!) regulierend eingreifen. Aber ansonsten ist deine Aufgabe jetzt schon in vielem das Loslassen, denn das wilde Temperament lässt sich nicht ausmerzen. Dein Kind wird manchmal unschön spüren, dass seine Art bei anderen nicht gut ankommt, aber oft auch ausreichend gut mit seinem Naturell umgehen können sowie nach und nach lernen, wo es es selbst sein kann und wo es sich verbiegen müsste.

Vermutlich wird es häufiger zu Situationen kommen, in denen dein Kind Kontakt vermeiden will, weil es verstanden hat, dass der ihm nicht guttut: *„Da geh ich nicht mehr hin!"* Bezieht sich das auf Verwandtschaft oder deine Freunde, solltest du natürlich intensiv mit deinem Kind darüber sprechen und schauen, ob sich das lösen lässt, aber vielleicht musst du auch einsehen, dass das „Nein“ deines Kindes eindeutig ist. Dann ist es an dir, Kontakte, die dir wichtig sind, ohne dein Kind zu pflegen. Und du darfst bei all dem noch mal verstärkt lernen, dass dein Kind gut ist, wie es ist, und nicht überall „hineinpasst“.

Hobbys

Alle Kinder brauchen Gelegenheiten, bei denen sie sich beweisen können. Gerade ein wildes Kind, das häufig Gegenwind bekommt und nach der Einschulung neue Kämpfe durchleben wird, benötigt einen Ausgleich: einen Ort, an dem es sein darf, wie es ist, an dem es gute Erlebnisse hat und positives Feedback bekommt. Das stärkt sein Selbstbewusstsein, gerade wenn es anderweitig häufig Kritik hört. Am besten schaust du, aus welcher Leidenschaft deines Kindes sich ein Hobby ausbilden lässt:

- Ist es eher sportlich oder kreativ, besonders sozial, gerne draußen, hat Spaß an vielen Menschen? Finde seinen Wunsch heraus und auf dieser Basis eine Freizeitaktivität, bei der es vor allem gute Momente erleben und über sich hinauswachsen kann.
- Im Grundschulalter tut es deinem Kind vermutlich gut, wenn alles im kleinen Kreis bleibt oder sogar allein ausgeübt wird. Denn dein Kind muss sein Gemüt händeln, mit Trainer*in oder Kursleiter*in zurechtkommen sowie sich an der eigentlichen Aktivität abarbeiten. Muss es außerdem auch noch mit einem großen Team oder vielen anderen Teilnehmer*innen kooperieren, kann das wieder anstrengen. Macht lieber kleine Schritte.
- Informiere Trainerin oder Kursleiter im Vorfeld ruhig über die besonderen Bedürfnisse deines Kindes. Im Hobbybereich haben Erwachsene meist mehr Ressourcen als die Lehrkräfte in der Schule, sodass dein Kind die Chance auf gute Erfahrungen mit anderen hat, auch wenn es seine Wildheit und sein Lautsein noch nicht immer im Griff haben sollte.

Entwickeln sich hier doch Probleme mit anderen Kindern, weil dein Kind besonders impulsiv auftritt, überleg mit deinem Kind, was Abhilfe schaffen könnte. Frag die Leitung nach Erfahrungen und suche vielleicht auch Kontakt zu den Eltern des Kindes, mit dem es Schwierigkeiten gibt. Der bereits vorgestellte Elternbrief kann dir Inspiration sein. Wichtig ist, dass du versuchst, bei der Lösungsfindung alle Seiten im Blick zu haben. Natürlich kann dein Kind sich nicht komplett verbiegen, aber auch die Belange der anderen Beteiligten sind wichtig. Es kann nur über Kompromisse weitergehen, und die findet ihr idealerweise gemeinsam, auch unter offener Einbeziehung der Kinder. Am besten sollte die Leitung diesen Weg moderieren.

AUF URSACHENSUCHE

Will dein Kind Hals über Kopf mit seinem Hobby aufhören, versuche herauszufinden, was wirklich der Grund dafür ist. Es hat sich ja für diese Aktivität entschieden, weil es sie so mag, und das Ausleben seiner Leidenschaft tut ihm sicher gut. Stecken also die Begleitumstände dahinter? Erlaube vielleicht eine Pause, brecht auch ab und startet woanders neu, aber bleibt im Gespräch und hakt es nicht einfach ab. Das könnte sich nach einem Scheitern anfühlen, wo eigentlich eine große Passion ist. Seine Impulsivität braucht einen Rahmen, der ihm das Durchhalten ermöglicht.

Wege allein gehen

Dein wildes Kind wird vermutlich wenig Angst davor haben, im Grundschulalter immer selbstständiger zu werden und auch Wege allein zu schaffen. Aber du kannst es nicht einfach so in die Welt schubsen, denn gerade ein wildes Temperament ist im Straßenverkehr herausfordernd.

Schon im Kindergartenalter hast du sicher Achtsamkeit mit deinem Kind trainiert, wenn ihr unterwegs gewesen seid. Doch jetzt solltest du das noch mal intensivieren, denn der Radius wird größer und du bist seltener dabei.

- Übt typische Wege gemeinsam, schaut nach kniffeligen Stellen. Achte darauf, dass du nicht im erwachsenen Gewohnheitstrott losziehst, sondern wirklich überall stehen bleibst, wartest, genau guckst und vor allem auch die Blickhöhe deines Kindes beherzigst.
- Geht auch neue Wege zusammen und lass dein Kind hier Strecken aussuchen. Dann wird es noch mal aufmerksamer sein und ihr könnt neuen Herausforderungen begegnen.
- Schau dir mit deinem Kind Fahrpläne an, probiert öffentliche Verkehrsmittel, übt das Umsteigen. Zeige ihm Fahrkartenautomaten und Bahnsteige. Sicher werden Neugier und Abenteuerlust groß sein. Wenn es diese ausleben darf, stärkt das die Selbstsicherheit.
- Trau ihm in kleinen Dosen und nach gemeinsamem Testen immer mehr Wege allein zu. Das ist ein großartiger Bereich, um sich selbstbewusster zu fühlen, Fokussieren zu üben und einfache Erfolgserlebnisse zu haben.
- Bevor es ganz allein losgeht, könnt ihr aber die Rollen wechseln: Dein Kind führt, weist dich auf Risiken hin, achtet auf deine Sicherheit. So bekommst du einen guten Eindruck davon, wie viel ihm beim Unterwegssein bewusst ist.

Die meisten Unfälle passieren aus Impulsivität heraus. Besorgt zu sein ist berechtigt, da dein Kind ja grundsätzlich sehr forsch ist.

Stärkend kannst du ...

- mit deinem Kind grundsätzlich seine Konzentrationsfähigkeit trainieren, z. B. beim Vorlesen und Geschichtenausdenken, bewussten Beobachten und Lauschen in der Natur, Handwerken, mit Rätsel, Memory- oder Sprachspielen.

- mit deinem Kind besprechen, wo gespielt werden kann und wo definitiv kein Ort und keine Zeit zum Spielen ist (Parkplätze, unterwegs in einer Gruppe an der vierspurigen Straße o. Ä.).
- betonen (und vorleben), dass es immer sinnvoll ist, lieber den sichereren als den kürzeren Weg zu wählen.
- immer mal wieder mitgehen und beobachten, wie sicher dein Kind ist oder ob es noch Punkte gibt, die ihr besprechen und üben solltet.

Alltag zwischen Schule, Lehrkräften und Gleichaltrigen

Kinder brauchen Bindungssicherheit. Ist dein Kind also aus seinen ersten Lebensjahren gewöhnt, dass du verlässlich für es da bist, seine Bedürfnisse anerkennst und ihm hilfst, seine besondere Emotionalität gut zu regulieren, ist dies die beste Voraussetzung für einen guten Start in die Schulzeit. Denn einerseits kennt es Strategien, um in den meisten Situationen mit seiner Wesensart auch allein zurechtzukommen, und andererseits hat es so viel Vertrauen in Bindungspersonen, dass es sich im Notfall Unterstützung durch eine Lehrkraft suchen kann.

Aber sein forsches Temperament ist natürlich niemals weg, es wird sich in vielen Situationen zeigen, wenn dein Kind enthusiastisch an Unterrichtsprojekte herangeht, wenn es überschwänglich reagiert, Unlust ausdrückt oder streitet. Du musst also weiterhin mit ihm …

- im Alltag darauf achten, Gefühle frühzeitig zu erkennen und sozial verträgliche Strategien zu finden, mit ihnen umzugehen.
- darüber sprechen, was ein bestimmtes Verhalten in anderen auslösen kann und wie einvernehmliche Lösungen aussehen können. Dieser Perspektivwechsel sollte nun in nicht emotional aufgeladenen Momenten geistig zuverlässig möglich sein.

- eventuell immer noch Abwarten und Geduld üben. Geistig sollte es dazu nun eigentlich in der Lage sein, aber sein Temperament kann diese Fähigkeit noch hin und wieder einschränken. Bleib dran und denk an die Tipps dazu aus den vorherigen Kapiteln.

Selbstverständlich ist Bildung wichtig, aber wenn es im Verlauf der Schulzeit kriselt, sollte ein Gedanke dich leiten:

> **„Im Mittelpunkt jeglichen schulischen Unterrichtens steht der Schüler, nicht das zu Vermittelnde."**
> **(Klaus U. Neulinger)**

Dein Kind braucht Raum für seine Persönlichkeit, sonst ist kein Platz für vorgegebene Lerninhalte. Passiv „mitdackeln" zu müssen, sich ständig zurückzunehmen, übermäßig Wert auf das Geistige zu legen – eine zu starke Ausrichtung auf diese Bereiche kann gerade einem wilden Kind Schullust nehmen. Achte auf Ausgleich und intensive Erfahrungen im außerschulischen Bereich. So können persönliches und soziales Lernen gleichrangig neben intellektuellem stehen.

Ein enger Kontakt von Lehrkräften und Eltern plus Kind mit regelmäßigem Austausch ist die beste Basis für eine erfüllende Schulzeit. Miteinander, nicht gegeneinander.

Schulstart

Bevor du die passende Schule suchst, wird im letzten Kindergartenjahr die Schulreife deines Kindes begutachtet. Zurückstellungen finden heute viel seltener statt als früher und sind auch schwieriger zu erwirken. Ein forsches Temperament ist sicherlich kein Grund dafür, mit dem Schulstart ein Jahr länger zu warten. Diese Wesensart wird sich nicht verändern.

Je nach Bundesland und Schuldichte kannst du relativ frei entscheiden, welche Schule dein Kind besuchen soll. Neben Auswahlkriterien wie Schulweg, Betreuungsangeboten und Unterrichtsschwerpunkten sind bei einem wilden Kind auch andere relevant:

- Ist die Schule klein und übersichtlich, wird das deinem Kind zugutekommen, weil die Lehrkräfte und Betreuer schnell Bescheid wissen, wer es ist und was es braucht (bzw. du rasch alle informieren kannst, wenn nötig). Dein Kind wird weniger fordernden Situationen und Gleichaltrigen ausgesetzt sein.
- Endet der Schultag einschließlich Betreuung nicht zu spät, minimieren sich die möglichen Herausforderungen, und dein Kind hat ausreichend Zeit für Rückzug, Freizeit, selbstgewählten Input und je nach deinen Arbeitszeiten auch für gute Momente mit dir, in denen es nicht so viel Rücksicht nehmen muss.
- Erscheint dir das pädagogische Konzept eher darauf fokussiert zu sein, dass jedes Kind in seiner Individualität gesehen und begleitet werden kann, oder ist es stark auf Leistung ausgerichtet? Ersteres wäre für dein Kind hilfreicher. Ob die Lehrkräfte dies tatsächlich auch so leben, ist die andere Frage und zeigt sich leider oft erst später.

Diese Informationen kannst du durch Gespräche mit dem Kindergarten, mittels Schulhomepage und am Tag der offenen Tür sammeln. Aber auch andere Veranstaltungen wie Basare oder Feste bieten gute Gelegenheiten, ein Bauchgefühl für die Atmosphäre zu entwickeln und andere Elternstimmen einzufangen.

Dass dein Kind am Ende wirklich die Wunschschule besuchen darf, ist leider nicht immer gesichert, also finde bei deinen Recherchen unbedingt auch eine zweitbeste Lösung, die du mit im Blick hast und ausreichend kennenlernst.

SANFTE VORBEREITUNG

Um den Wechsel aus dem Kindergarten in die Schule für dein Kind möglichst unproblematisch zu gestalten, ist es sinnvoll, dass ihr euch gemeinsam Schulweg und Gebäude anschaut und Ranzen, Stifte, Sportzeug usw. besorgt. Dein wildes Kind braucht darüber hinaus Strategien, um mit schwierigen Situationen umzugehen. Doch übersieh nicht, dass dein Kind auch in der Schule noch reift und lernt! Es muss vor Schulstart weder perfekt das Alphabet beherrschen noch stundenlang stillsitzen können. Und du musst auch nicht alle möglichen Probleme im Vorfeld angesprochen und Lösungen dafür parat haben.

Das ist die Zwickmühle: Keine Sorgen schüren, aber doch ausreichend stärken. Um das zu meistern, fragst du am besten dein Kind, ob es sich wegen irgendetwas rund um die Einschulung Sorgen macht und reagierst darauf, anstatt von dir aus Befürchtungen zu äußern:

- Hör dir alles an und geh die Punkte dann mit deinem Kind durch: *Warum könnte das schwierig werden? Was könnte vorbereitend helfend? Was könnte im akuten Moment allein in der Schule helfen?*
- Betone, dass die Lehrkräfte für alles eine erste Anlaufstelle sind, und denkt nochmal über die Strategien im Umgang mit Wut, Ärger, Freude, Begeisterung nach, die dein Kind schon kennt. *Was kann es mit seinen Händen machen? Was mit seiner Stimme? Wie kann es bei sich bleiben, anstatt auf andere „loszugehen"? Welcher Satz kann ihm in seinem Kopf helfen, nicht sofort loszupoltern?*
- Sprecht auch darüber, dass es für manche Menschen schwierig ist, mit Impulsivität umzugehen. Dein Kind kann lernen, wortwörtlich einen Schritt zurückzumachen, sobald es spürt, dass es seinem Gegenüber zu nahekommt. Es kann sinnbildlich einen Lautstärkeknopf am eigenen Körper drehen. Es darf einen Finger auf seine Lippen legen, um sich zu erinnern, nicht ständig anderen ins Wort zu fallen.

- Es kann sich aber auch darauf freuen, dass es in der Schule neugierig sein darf, sein Wissen zeigen kann und andere mit seiner Art inspirieren darf. Betone seine besonderen Fähigkeiten.

Du kannst dein Kind also vorbereiten. In erster Linie unterstützt du es aber im normalen Alltag, schon vor, aber auch nach der Einschulung:

- Hobbys und Leidenschaften helfen deinem Kind, abseits des Schulischen positive Erlebnisse zu sammeln.
- Versuche, dein Kind beständig spüren zu lassen, dass es wichtig ist, entscheiden darf, Verantwortung übernehmen kann und in der Familie gebraucht wird.
- Achte auf eine gute Balance aus Bewegung und Entspannung als Ausgleich zum Intellektuellen.
- Vergiss die Strategien zum Umgang mit Frust und heftigen Gefühlen nicht: Wenn deinem Kind im Kindergartenalter kneten, drücken, kauen, beißen, bestimmte Gesten oder Bewegungen geholfen haben, aber zwischenzeitlich weniger relevant waren, erinnert euch gemeinsam. Hilf deinem Kind dabei, sie wieder zu verwenden, denn die Anspannung durch die Einschulung wird sehr wahrscheinlich wieder besonderen Stress verursachen. Viele impulsive Kinder brauchen dann noch mal die Hilfsmittel, die sie früher verwendet haben.

Lehrkräfte

Leg Wert auf engen Kontakt zur Schule. Gerade in den ersten Schulwochen solltest du signalisieren, dass du dir regelmäßigen Austausch wünschst, wenn du nervös bist und dein Kind vielleicht von Schwierigkeiten berichtet oder sich auffällig verhält. So kannst du frühzeitig agieren, damit sich bestimmte Verhaltensweisen oder Hilflosigkeit nicht festsetzen. In allen Lernsituationen ist aus einem Menschen selbst kommende Motivation der beste Antrieb. Sie verhindert, dass schlechte Rahmenbedingungen und Erlebnisse jegliche Lernlust zunichtemachen. Schlechte Noten und ständig negative Rückmeldungen, wie zum Beispiel über täglich genutzte Smiley- oder Ampelsysteme, können auch die größte Motivation eines Kindes verschwinden lassen.

Gerade wilde Kinder fallen nach der Einschulung auf, weil sie der Klassenclown werden, Regeln hinterfragen oder missachten und sich insgesamt mit den Anforderungen schwertun. In der Regel ist in der 1. Klasse noch viel Spielraum. Doch dein Kind, das auf alles achtet, Herausforderungen und Input sucht sowie sich schwer zurückhalten kann, braucht einen engen Rahmen und herzliches Verständnis. Ist das nicht gegeben, kaspert es schnell herum oder wird aggressiv. Du sorgst zu Hause (seit Jahren) für Prophylaxe, damit dein Kind mit seinem Temperament gut zurechtkommt – nun kommt es auch auf die Lehrkräfte an. Werdet ein Team!

Fahrplan für den Austausch mit den Lehrkräften

- Probiere aus, ob ihr durch E-Mails Kontakt halten könnt. Die meisten Lehrkräfte nutzen das sehr dankbar und antworten rasch.
- Sorgst du dich nach einer Weile sehr, bitte ganz unabhängig von Elternsprechtagen um ein persönliches Gespräch. Oft lässt sich vieles so besser ausräumen oder planen als schriftlich.
- Schildere die Problematik aus deiner Sicht und frag die Lehrkraft nach ihrer. Welche Ideen hat sie aus ihrer Erfahrung heraus mit anderen Kindern für den Umgang mit deinem?
- Beschreibe, was du zu Hause schon mit deinem Kind besprochen und eingeübt hast, und gib Tipps dazu, was deinem Kind besonders gut hilft.
- Biete an, auch zu Hause noch mehr zu unterstützen, wenn die Lehrkraft eine entsprechende Idee hat.
- Bitte darum, dass die Lehrkraft die Rückmeldungen zu grundlegenden Themen direkt zukommen lässt und nicht über das Hausaufgabenheft deines Kindes. Weder dein Kind muss jede Kritik

mitbekommen noch die anderen Kinder oder Hausaufgabenbetreuende, die auch darin lesen.

- Vereinbart, dass notwendige Kritik möglichst nicht täglich an dein Kind herangetragen wird, sondern vielleicht immer im Wochenrückblick. Kein Kind, das jeden Tag mit einer „roten Karte" nach Hause kommt, wird dadurch motiviert, an sich zu arbeiten. Im Gegenteil: Wer ständig hört, dass er „falsch" sei, wird sich mit zunehmender Wahrscheinlichkeit auch schlecht verhalten.
- Sicher wird es auch immer etwas geben, was richtig gut oder besser war als letzte Woche. Das sollte die Lehrkraft dem Kind gegenüber stets erwähnen.
- Bitte außerdem darum, dass deinem Kind auch kleine Erfolge regelmäßig zurückgemeldet werden und es nicht zur Fokussierung auf die Defizite kommt. Eine gute Beziehung zwischen Lehrkraft und Kind braucht vor allem Wertschätzung.

Natürlich darf auch die Lehrkraftseite nicht vergessen werden. Einige Klassen sind besonders herausfordernd, manche Schulkonzepte lassen nicht ausreichend Raum und Zeit für individualisierte Lösungen und einige Pädagogen tun sich schwer damit, ein sehr wildes Kind anzunehmen. Dahinter stecken oft Glaubenssätze und Erfahrungen, die im Kapitel zur Arbeit an dir selbst zur Sprache kamen.

Das heißt, du kannst nicht immer auf ein hilfreiches Schulumfeld hoffen. Kommst du mit einer Lehrkraft nicht weiter, ist Kontakt zur Schulleitung eine Option, um Mediation und Kompromissfindung zu bewirken.

*Alle kindlichen Verhaltensweisen, die Erwachsene von Konzentrationsproblemen, Hyperaktivität, Aggressionen oder Ähnliches sprechen lassen, können zwar einerseits auf eine im Kind angelegte Problematik hindeuten. Andererseits kann auch ein Bindungsproblem dahinterstehen, und zwar entweder auf Familienseite oder auf Lehrer*innenseite. Fördert das Verhalten der Eltern oder der Lehrkraft ein unsicheres Bindungsschema im Kind, reagiert es derartig auffällig. Daher wird immer häufiger neben den typischen Diagnostiken zu ADHS usw. auch eine Bindungsdiagnostik vorgeschlagen. Das sollten alle Eltern wissen und kennen, denn Bindungsarbeit (zu Hause oder in der Schule) kann manchmal der entscheidende Schlüssel sein.*

Oft wird zumindest in Teilbereichen die Stärkung deines Kindes zu Hause die wichtigste Maßnahme sein:

- Arbeitet an Strategien zum Umgang mit Frust und Impulsivität.
- Stärkt Selbstbewusstsein und Kommunikationsfähigkeit.
- Betont die Wichtigkeit von Perspektivwechseln.

Eine Anlaufstation kann bei besonders forderndem Benehmen auch der schulpsychologische Dienst sein. Jeder Schüler hat Anspruch darauf, hier einen Termin (mit oder ohne Elternbegleitung) wahrzunehmen, Hilfsbedarf einschätzen zu lassen und diese Hilfe auch zu bekommen.

Julie (33), Mutter von fünf Kindern (11, 9, 7, 5, 1), über ihren Sohn (7)

„Bei der Grundschule hatten wir keine Wahl, weil im Einzugsgebiet nur diese eine liegt. Allerdings ist hier alles ziemlich familiär und man wird auch ernst genommen, wenn man ein Anliegen hat.

Für uns war die Einschulung aber ein riesiger Stress. Und auch in den ersten Wochen danach. Als die Lehrerin wusste, wie sie unseren Sohn nehmen muss und ich guten Gewissens die Aufgabe der Reaktion auf Verweigerung an sie übergeben konnte, lief es plötzlich. Ich denke, der Knackpunkt für ihn war, dass er die Verbindlichkeit spürte: Sie bestand auf das Erledigen der Aufgaben, ließ ihm aber Raum für das Wann und Wo. Dadurch agiert er hier daheim auch nach und nach zuverlässiger, weil ich bei (für uns Eltern) wichtigen Dingen nicht mehr irgendwann nachgebe, sondern er sich drauf verlassen kann, ich bleib am Ball."

Klassengemeinschaft

Auffälliges Verhalten kann auch durch Klassenkameraden ausgelöst werden. Lachen sie dein Kind aus? Haben sie herausgefunden, dass es ganz schnell explodiert, und suchen diese Reaktion? Sind sie unsicher, was sie von seinem Wesen halten sollen, und grenzen es deshalb lieber aus?

Versuche, im Gespräch mit deinem Kind herauszuhören, was los ist, und hol dann als Erstes die Klassenleitung ins Boot. Sie kann sicher ganz gut einschätzen, was sich da morgens wirklich abspielt, und hat wahrscheinlich schon aus ähnlichen Erlebnissen heraus Ideen entwickelt, wie Kind und Klassengemeinschaft zu stärken sind.

Wenn es um mehrere Kinder geht, solltest du nicht allein Kontakt zu den Eltern oder gar zu den Kindern aufnehmen. Hol dir Hilfe aus der Schule und setzt euch gemeinsam an einen Tisch. Warum verhalten sich alle Beteiligten so? Was wünscht sich jeder für sich und von den anderen? Welche Hilfestellungen können Eltern und Schule geben?

Wichtig ist es, hier frühzeitig zu reagieren. Zu starker emotionaler Stress kann zu Schulunlust und -vermeidung führen!

Bleib danach eng an deinem Kind. Entspannt sich sein Verhalten? Wird es langsam sicherer? Bleibt einfach nur sein Temperament herausfordernd, aber ergeben sich keine auffallenden, andauernden Probleme? Schafft es seinen Alltag ganz gut?

Oder wirkt es beständig unglücklich, gereizt? Fordert dich die Begleitung immer stärker? Hast du das Gefühl, die Situation entgleitet dir? Wissen auch die Lehrkräfte nicht weiter? Dann suche eine außerschulische Familienhilfe oder psychologische Beratung auf.

Nachdenken und Planen

Übermut und Lebendigkeit bringen Wucht mit sich und erschweren den Umgang mit Unvorhergesehenem. Dein Kind kann jetzt viele Zusammenhänge und auch Auswirkungen auf andere Menschen sowie deren Gefühle besser begreifen und auch vorhersehen, aber sein Temperament wird seine Tage immer wieder kompliziert machen. Nachdenken und Planen sind möglich und nötig, aber brauchen Unterstützung: Hektik oder Druck beim Verlassen des Hauses oder während der Ranzen gepackt und die Hausaufgaben erledigt werden sollen, sind kontraproduktiv.

Für alles, was planbar ist, kannst du deinem wilden Kind mit **Visualisierung und guten Systemen** helfen:

- Macht Termine und Abläufe auf Wandplänen sichtbar. Übergib die Verantwortung deinem Kind.
- Schaffe Ordnungssysteme für Spielzeug, Bücher, Kleidung, Schulsachen an oder bastle solche, die den Bedürfnissen eines Grundschulkindes entsprechen. Es sollte sie selbst mit auswählen oder gestalten und im Alltag allein händeln können. Ordnung, die *dir* hilft, ist hier nicht der Maßstab, und das übertragen zu wollen, führt oft zu Konflikten.
- Beziehe dein Kind in alles mit ein. Es braucht keinen Elternteil, der alles regelt und bestimmt. Es benötigt nur Schubser, Initiative und so etwas wie Leitplanken für seinen Weg.

Dass es im Alltag immer wieder zu unvorhergesehenen Situationen kommt, in denen dein Kind nicht gut geplant mit seiner Impulsivität umgehen kann, kannst du trotzdem nicht verhindern. Hier musst du ab dem Schulalter ganz auf die Prophylaxe bauen: Dein Kind hat sich und seine Art schon gut kennengelernt, ist recht bindungssicher, kann sich Hilfe suchen und kennt Strategien, um Herausforderungen zu meistern. Um sich gesund zu entwickeln, muss es das nicht jedes Mal schaffen, sondern darf auch Rückschläge erleben.

UNPERFEKT

Manchmal kann es sinnvoll sein, nicht zu viel vorzubereiten, auch wenn es eigentlich möglich wäre. Das lässt in deinem Kind weniger Raum für Sorgen und Unsicherheiten. Im Grunde ist dein Kind spontan, und das sollte ihm nicht genommen werden. Der Gegensatz zu Spontanität (und Nachlässigkeit) ist nicht nur Pflichtbewusstsein oder auch achtsamer Umgang mit anderen, sondern unter Umständen auch ein sehr stressiger, ungesunder Perfektionismus. Also nimm an, dass dein Kind trotz aller sinnvollen erlernten Strategien immer dein wildes Kind sein wird.

Freundschaften und Spielverhalten

Es lässt sich nicht voraussagen, welche Temperamente dein Kind bei der Wahl seiner Freundschaften bevorzugen wird: ruhige, bei denen es eher etwas dominanter sein kann, oder eher ähnliche, die mit ihm gemeinsam die Welt erobern? Oder bunt gemischte, weil dein Kind gar nicht so sehr nach dem Wesen auswählt, sondern nach gemeinsamen Interessen?

Ganz gleich, mit wem es gerne seine Zeit verbringt, kann es herausfordernd werden, wenn sein Temperament immer noch häufig die Oberhand gewinnt. Dein Kind sollte im Grundschulalter immer besser imstande sein, Kompromisse zu suchen, andere zu hören und ihre Grenzen zu erspüren. Phasenweise gelingt dies aber immer noch nicht.

Manchmal reagiert ein wildes Kind dann mit Rückzug und selbst gewähltem Einzelspiel. Das muss dir nicht sofort Sorgen machen. Vielleicht ist das einfach ein temporärer Schutzraum, um alles noch mal anders angehen zu können.

Stört dein Kind sich aber an den Entwicklungen oder hast du den Eindruck, es zieht sich nicht wirklich freiwillig so zurück, bist du gefragt!

- Übt im Rollenspiel, wie man in Kontakt kommen kann, ohne den anderen zu überrumpeln.
- Macht Teamspiele, die spüren lassen, wie hilfreich es ist, zusammen zu agieren, anstatt dass einer immer führen will.
- Erzähl von dir und deinen Erlebnissen beim Kontakteknüpfen: Wann warst du ungeschickt? Oder wurdest abgelehnt? Wie bist du damit umgegangen?
- Überlegt, was schlimmstenfalls passieren könnte. Zeige Verständnis für Sorgen und Frust, aber leg den Fokus aufs Angehen.

- Organisiere passende Gelegenheiten, in denen dein Kind Anschluss finden kann und hol andere Eltern ins Boot: Spielen in kleiner Runde, gerne draußen und eventuell mit klarer Aufgabenvorgabe (Staudamm bauen, Steine zum Bemalen suchen, Kaninchenlöcher finden o. Ä.) kann helfen. Lass deinem Kind Raum, aber bleib greifbar, wenn die Situationen schwierig werden.
- Manchmal ist auch eine Altersmischung clever. Ältere, sozial reifere Kinder könnten deines mitziehen.
- Vielleicht ist jetzt doch der richtige Moment, dass dein Kind seine Leidenschaften in einer größeren Gruppe, einem Verein oder Team ausleben möchte. Sicher wird das fordernd sein, aber es kann auch helfen, denn alle dort haben die gleiche Begeisterung für etwas. Das kann der Motor sein für stärkeres soziales Lernen.
- Alle grundlegenden Übungen aus diesem Buch zu den Bereichen Empathie, Gefühlsregulation, Selbst- und Fremdwahrnehmung werden dein Kind dabei unterstützen, nach und nach besser mit anderen zurechtzukommen.
- Signalisiere deinem Kind, dass Veränderungen nicht über Nacht geschehen, sondern Zeit brauchen. Sprecht darüber, wenn Spielzeiten schlecht gelaufen sind: War dein Kind übermütig? Wie kam es dazu? Wie kann das beim nächsten Mal verhindert werden? Wie hat das andere Kind sich gefühlt? Könnte ein Austausch, vielleicht eine Entschuldigung richtig sein?

Biete an und schubse, aber sprich und plane nicht zu sehr für dein Kind.

Maike (43), Mutter von drei Kindern (7, 14 und 16), über ihren jüngsten Sohn, der seine wilde Cousine gut zu nehmen weiß

„Sie ist sehr laut in allem. Im Sprechen, sich durch die Welt bewegen, im Sein. Die Lautstärke ist kaum erträglich. Sie *muss* immer im Vordergrund stehen, ist extrem eifersüchtig und fordert überall Aufmerksamkeit. Bekommt sie sie nicht, wird sie immer lauter. Wird auch aggressiv, vor allem gegenüber ihrem fast gleichaltrigen Cousin, unserem Sohn, der wie ein Bruder für sie ist.

Ihr ‚Brudercousin' hat eine unglaublich starke Begabung: Er schafft es oft, seine Cousine aus der Wut herauszuholen. Mit Ablenkung oder manchmal, weil er nachgibt und ihre Wünsche erfüllt. Wir versuchen, nicht auf jede Provokation einzugehen und zeigen ihr, dass sie bei uns eine von Vieren ist und sie sich an die gleichen Regeln halten muss wie die anderen drei, aber auch gleich viel Aufmerksamkeit wie die anderen bekommt. Wenn sie mehrere Tage bei uns ist, wird sie leiser und reguliert sich selbst besser runter. Ein paar Stunden bei ihrer Mutter reichen schon, um sie wieder ‚auf null' zurückzusetzen.

Unser Sohn lenkt sie ab, fragt nach, was sie spielen möchte, und schlägt Kompromisse vor, von denen er hofft, dass sie für beide okay sind. Er hat ein ganz gutes Gefühl dafür. Wenn sie handgreiflich wird, sucht er sich Hilfe bei uns oder den Geschwistern. Nicht, um sie anzuschwärzen. Er sucht Trost und geht dann zurück zu ihr.

Gestern spielte sie allein vor dem Haus und begrüßte uns fröhlich, erzählte in einer normalen Lautstärke und war so niedlich und zauberhaft. Das war so schön zu sehen. So ist sie ganz selten gewesen in den letzten 1,5 Jahren. Die beiden haben auch die letzten Tage friedlich zusammengespielt. Ich bin wirklich erstaunt, wie ruhig sie spielt. Auch und sogar ganz allein. Rücksichtsvoll. Ich weiß nicht, was gerade daheim anders läuft, es tut ihr aber unendlich gut."

Erst wenn dein Kind das Aufeinandertreffen mit anderen vermehrt verweigert, ist aus Temperament und Reaktionen ein Problem geworden, das professioneller Hilfe bedarf (siehe Check B und entsprechende Empfehlungen).

Wenn sich dein Kind allgemein mit den Herausforderungen seines Wesens kontinuierlich schwerer tut, du immer mehr Rückmeldungen von außen bekommst und dich schließlich überfordert fühlst, ist es Zeit, zu stoppen. Jemand mit systemischem oder vielleicht auch psychologischem Blick sollte auf euer Familiengeflecht und den Alltag deines Kindes schauen. Sein Verhalten (und vielleicht auch dein Überforderungsgefühl) zeigen, dass an irgendeinem Punkt etwas im Argen liegt.

AUSBLICK: WILD IM JUGENDALTER (11–18 JAHRE)

Vielleicht kann dein Kind seine Impulsivität mittlerweile ganz gut regulieren und eckt seltener an. Womöglich kann es seine Fähigkeiten sogar nutzen, um kreativ, sportlich oder organisatorisch zu punkten. Eventuell wird es aber auch weiterhin soziale Schwierigkeiten geben. Aufgrund der hormonellen und kognitiven Veränderungen möglicherweise sogar einen „Rückfall" in frühere Probleme. Aber du hast gut vorgearbeitet, dein Kind gestärkt und mit ihm gemeinsam Methoden entwickelt, wie ihr kommunikativ und problemlösend an solche Situationen herangehen könnt. Nun heißt es für dich vor allem: loslassen!

Dein Kind muss im Jugendalter immer mehr allein in die Welt. Du kannst nur noch vor- oder nachbereiten, Vorbild sein und beim Zurechtfinden helfen. Vor allem musst du vertrauen: darauf, dass dein Kind von und mit dir ganz viel gelernt hat, um mit seinem Naturell kompetent umzugehen. Und darauf, dass es neue Herausforderungen immer häufiger allein meistern kann und im Gegensatz zur Grundschulzeit auch noch öfter ohne gemeinsame Rückschau mit dir. Ein Teenie braucht ein freies Experimentierfeld, um Fehler machen und durch sie lernen zu können, und will nicht mehr alles mit dir analysieren.

Außerdem musst du annehmen, dass dein Kind sich in der Pubertät immer mehr zu sich hin entwickeln wird. Das, was wirklich in ihm schlummert, wird sich ganz und gar entfalten, wenn du dein Kind bis hier hin in Beziehung begleitet und nicht vernachlässigt oder kleingehalten hast. Und dieses Innere wird auch als Teenie und junger Erwachsener immer noch oft forsch sein. Wie gut! Dein Kind macht die Welt ein bisschen bunter. Deine Lernaufgabe ist es, impulsive, durch die Entwicklungsphase verstärkte Ausbrüche nicht zu persönlich zu nehmen, sondern zugewandt zu bleiben.

Selbstverständlich solltest du weiterhin zurückmelden, was dich oder andere trifft, wenn dein Kind sich beispielsweise zu impulsiv verhält. Du kannst Vorschläge machen und vielleicht wird dein Teenie sie annehmen. Doch seine Individuation ist nun besonders wichtig. Er ist unterwegs ins Erwachsenenalter. Ums Loslassen kommst du nicht herum.

Um das schaffen zu können, ist es grundlegend, dass du dich gut darüber informierst, was ganz normale Begleiterscheinungen der Jugendjahre sind, wie beispielsweise:

- Stimmungsschwankungen und Fehlgriffe im Ton
- bessere Selbstreflexion, aber teilweise ausgebremst durch heftige Emotionen und wirre Gedankengänge
- andere Gewichtung der Bezugspersonen

Denn die hormonellen, körperlichen und psychischen Veränderungen sind heftig und werden erlebt in einem Alltag zwischen Pflichten und Freiheiten, zwischen Kindheit und Groß-sein-Wollen oder -Müssen.

Verbesserte **Reflexion** (über sich selbst oder andere, auch in Form von planvollerem Verhalten) kann helfen, die noch bestehende Impulsivität geschickter in erwachsenere Bahnen zu lenken und das eigene Wesen sozial akzeptabel zu steuern. Wenn ein Teenie das will, kann sie oder er nun ganz eigenaktiv und selbstbestimmt daran arbeiten und auch entscheiden, was sie oder er nicht verändern möchte.

Ein Jugendlicher kann seine besondere Spontanität und den Übermut ummünzen in **Engagement und Kreativität** für Themen, die sie oder ihn besonders reizen, und passende Hobbys und Leidenschaften. Du musst das nur zulassen können, auch wenn es manchmal nach zu viel Wucht aussieht. Entwicklungsaufgabe ist ja nicht nur, das wilde Temperament gut zu händeln, sondern auch, das Potenzial darin zu sehen und zu nutzen.

Rituale im Familienalltag können dabei helfen, dass dein Kind trotz neuer Verunsicherungen durch Hormone & Co. innerlich stabil und stark bleibt und du im Bilde bist, welche Themen es bewegen und fordern. Neben der familiären Einbindung sollten **Freundschaften zu Gleichaltrigen oder älteren Bezugspersonen** stehen, die Sicherheit geben, aber auch das Elternhaus ergänzen. Denn die oder der Heranwachsende sucht und wünscht sich andere Anker als Mama und Papa, weitere Räume zum Denken und Leben. Das können auch Jobs, ehrenamtliche Engagements oder die Anbindung an einen Verein sein. Ein soziales Netz schützt und stärkt.

Am **Schulvormittag** kann das Forsche manche Situation erschweren, aber in puncto Engagement und Enthusiasmus viele Chancen bieten. Lief die emotionale und soziale Reifung vor der Pubertät in guter Beziehung, so ist die Wahrscheinlichkeit höher, dass dein Teenie einen sehr starken, positiven Weg geht und nur noch selten Leitplanken für seinen Weg benötigt.

Digitale Medien, die langsam und gut begleitet ins Leben deines Kindes gekommen sind, können Beschleuniger für sein Engagement sein, wenn sie kreativ und positiv eingesetzt werden.

Rund um die Themen **Ausbildungsbeginn oder Berufseinstieg** kann das Temperament vor allem für Vorteile sorgen, denn hier wird nun echter Mut gebraucht und oft auch Durchsetzungsvermögen. Gegebenenfalls kann ein Coach für dieses Feld behilflich sein, Impulsivität zu kanalisieren oder auch den passendsten Weg für deinen Teenie zu finden.

Natürlich kann das wilde Temperament auch im Jugendalter noch für Probleme sorgen. Das Umfeld und die Mitspieler*innen werden gefährlicher als bei Kindern: Alkohol, Drogen, gefährliche Freundschaften und Kleinkriminalität sind Themen, die Angst machen. Ein Jugendlicher mit forschem Wesen wird aufgrund der Hirnstruktur immer noch eher **riskantes Verhalten** zeigen, weil er Gefahren nun zwar vorausschauend einschätzen kann, aber dennoch eher eingehen und auch suchen wird, um sich zu spüren und glücklich zu fühlen. Hier musst du auf Prophylaxe durch die Beziehung setzen, die ihr von klein auf aufgebaut habt:

- Dein Kind konnte soziale Kompetenzen wie Einfühlungsvermögen aufbauen.
- Es hat ein gesundes Selbstwertgefühl, kann seinen Leidenschaften nachgehen und durfte immer auch „Nein" sagen.
- Es hat als Teenie feste Aufgaben inklusive Verantwortung und Freiheiten. Passieren Fehler, ist das niemals ein Beinbruch, sondern ihr händelt das gemeinsam.
- Willkürliche, autoritäre Erziehung, die straft und Lügen hervorrufen kann, kennt dein Kind nicht.
- Es ist gut eingebunden in ein soziales Umfeld, fühlt sich wertgeschätzt und gebraucht.
- Es ist nicht konfliktscheu, sondern geht Dispute an, wenn ihm etwas fragwürdig erscheint.
- Ihr konntet schon immer tabufrei über alles sprechen, auch über sämtliche Gefühle und Fehler.

Wird die Impulsivität zu krass und reicht hin bis zu Aggression und Delinquenz, musst du mit fachlicher Hilfe genauer hinschauen, was dahintersteckt. Schulpsychologe und/oder Kinderärztin sind die ersten Anlaufstellen und können dich weiterschicken zur Erziehungsberatung oder zu therapeutischen Hilfen für dein Kind.

IM GUTEN MITEINANDER DURCH DIE PUBERTÄT

In meinem Ratgeber „Miteinander durch die Pubertät" kannst du genauer nachlesen, was du unabhängig vom Temperament einer* eines Jugendlichen dafür tun kannst, dass eure Verbindung gut bleibt. Kommunikation und passende Gelegenheiten für echtes Miteinander sind ein großes Thema. Ebenso die Stärkung des Teenies, um Gefahren zu umschiffen und selbstbewusst ins Leben zu starten. Mit dem Elternhaus als Basis, dessen Tür stets offensteht.

DEIN WUNDERBARES WILDES KIND GEHT SEINEN WEG

Ein impulsives, forsches Temperament braucht Begleitung, damit emotionales und soziales Lernen gelingt. Das kann das Elternhaus in vielen Fällen ganz allein schaffen. Feinfühligkeit und Klarheit sind die wichtigsten Grundlagen. So unterstützt kann auch dein wildes Kind gesund selbstsicher werden, sich dabei empathisch zeigen sowie viele gute Erfahrungen machen. Verhilf ihm zu Entwicklungsgelegenheiten und vor allem zu Verständnis und Zeit.

Wilde Kinder werden oft als „temperamentvoll" bezeichnet. Eigentlich ist das Unsinn, denn es ist ja nicht „mehr" Temperament vorhanden als bei einem schüchternen Kind. Beide bringen ein Naturell mit, aber die Wildheit wird als viel wuchtiger und damit als ein „Mehr" empfunden. Und dieses vermeintliche Übermaß gilt nicht etwa als Plus, sondern als ein Manko. Wie unfair. Weder ein zurückhaltendes noch ein impulsives Kind hat es verdient, von vorneherein aufgrund des Temperaments bewertet zu werden.

Ich wünsche allen lebhaften Kindern, dass sie die Wertschätzung erfahren, die sie verdient haben. Jeder Charakter hat Seiten, die für andere (oder einen selbst) herausfordernd sind. Daneben stehen Seiten, die Gefallen finden. Auch wilden Köpfen sollte ganz neutral begegnet werden. Ihre Energie ist ein dicker Farbtupfer auf jedem Familiengemälde, in jeder Schulklasse oder Clique, jedem Verein oder Kollegenkreis.

Eltern sollen dabei helfen, dass das Feuer dieser Kinder nicht unkontrolliert wütet, aber auf jeden Fall gut sichtbar und wärmend brennen kann. Ich erhoffe mir für sie, dass sie die Begleitung bekommen, die sie benötigen, und ihr Weg ein erfüllter, sicherer, lebensfroher wird.

Annehmen, positiv sehen, begleiten. Anderen neutral und mit starkem Rücken erläutern, was los ist, und unberechtigte Kritik informiert abwehren. Deinem Kind helfen, mit ihm Erlebtes nachbesprechen, für die Zukunft lösen. Dein Kind grundlegend stärken, dafür sorgen, dass es selbst aktiv wird. **Dein Kind lieben.** Das ist die Essenz. Denn meist steckt eben nur das Temperament dahinter und im Umgang damit ist ganz viel eine Frage der Zeit.

Ich wünsche dir als begleitendem Elternteil die Kraft und Ausdauer, dich mit deinen eigenen Themen gewinnbringend auseinanderzusetzen, damit du dein Kind so begleiten kannst, wie es sinnvoll ist. Ohne die Selbstfürsorge zu vergessen. Denk bitte daran, dass niemand fehlerfrei sein muss.

Gut genug ist gut genug! Wenn wir es schaffen, konsequent gut genug zu sein: Dann ist es perfekt!
(Nora Imlau)

Alles allein schaffen zu wollen, ist keine gute Idee. Suche Unterstützung und nimm Hilfe an. So kannst du die Zeit mit deinem Kind trotz aller Anforderungen als wertvoll und schön erleben, und dein Kind kann zu einer oder einem zufriedenen und selbstständigen Erwachsenen werden, die oder der sich von Grund auf angenommen fühlt und ganz unverbogen sie bzw. er selbst ist: ein wunderbarer wilder Mensch! Und noch ganz viel mehr.

MITWIRKENDE

Dr. Daniela Galashan ist Diplom-Psychologin, Neurowissenschaftlerin und dreifache Mutter. Sie nutzt ihre Expertise, um Eltern zu helfen, sich und ihre Kinder besser zu verstehen und zu stärken – beispielsweise auf ihrem Blog LiebeUndHirn.de. Des Weiteren gibt sie Onlinekurse (z. B. zur kindlichen und elterlichen Gefühlsverarbeitung und zum Entdecken der eigenen inneren Stärke für Mütter).

Anne Grund ist Kindheitspädagogin, Leiterin für Eltern-Kind-Gruppen und Mutter von drei Kindern.

Ulla Hittmeyer ist zweifache Mama und Grundschullehrerin, die sich durch ihre gefühlsstarke Tochter auf einen zugewandten, bindungsorientierten Weg gemacht hat und diesen nun auch als Lehrerin geht.

Christian Bock ist Zwillingsvater und arbeitet als Diplom-Psychologe beratend, coachend und lehrend zu Themen wie Allgemeine Psychologie, Arbeitsfähigkeit, psychische Arbeitsbelastung und Krisenintervention. Für dieses Buch stand er der Autorin beratend zur Seite.

LITERATUR

Beste, Béa: „Erziehen ist ein Kinderspiel". Trias, 2020

Brisch, Karl-Heinz: „Grundschulalter. Bindungspsychotherapie – Bindungsbasierte Beratung und Therapie". Klett-Cotta, 2019

Cammarata, Patricia: „Dreißig Minuten, dann ist aber Schluss! Mit Kindern tiefenentspannt durch den Mediendschungel". Eichborn, 2020

Cammarata, Patricia: „Raus aus der Mental Load-Falle. Wie gerechte Arbeitsteilung in der Familie gelingt". Beltz, 2020

Faber, Adele/Mazlish, Elaine: „Hilfe, meine Kinder streiten. Wie Sie Geschwistern helfen, einander zu respektieren". Oberstebrink, 2018

Graf, Danielle/Seide, Katja: „Das gewünschteste Wunschkind aller Zeiten treibt mich in den Wahnsinn. Das Geschwisterbuch". Beltz, 2020

Graf, Danielle/Seide, Katja: „Das gewünschteste Wunschkind aller Zeiten treibt mich in den Wahnsinn. Gelassen durch die Jahre 5 bis 10". Beltz, 2018

Grolimund, Fabian: „Mit Kindern lernen. Konkrete Strategien für Eltern". Huber, 2012

Grenell, A./Prager, E.O./Schaefer, C./Kross, E./Duckworth, A.L./Carlson, S.M.: "Individual differences in the effectiveness of self-distancing for young children's emotion regulation". In: British Journal of Developmental Psychology, 37 (1), 2018, S. 84–100

Hummel, Inke: „Miteinander durch die Pubertät. Gelassener bleiben, weniger streiten, in Kontakt bleiben". humboldt, 2020

Imlau, Nora: „Mein Familienkompass". Ullstein, 2020

Karr-Meng, Alexandra: „Kinder achtsam erziehen. Wie Sie Wut, Streit und Geschrei aus dem Familienalltag verbannen". humboldt, 2018

Mierau, Susanne: „Frei und unverbogen. Kinder unter Druck begleiten und bedingungslos annehmen." Beltz, 2021

MutterKutter: „Der Survival-Guide für Mamas. Die besten Überlebensstrategien für deinen Familienalltag". humboldt 2020

Nedebock, Ulla: „Starke Kinder brauchen Regeln. Klare Grenzen – entspannte Familie". humboldt, 2016

Neulinger, Klaus U.: „Muss die Schule krank machen? Möglichkeiten der Konfliktbegegnung in Unterricht und Unterrichtsplanung". Herder, 1978

Posth, Rüdiger: „Vom Urvertrauen zum Selbstvertrauen: Das Bindungskonzept in der emotionalen und psychosozialen Entwicklung des Kindes". Waxmann, 2007

Renz-Polster, Herbert „Kinder verstehen. Born to be wild: wie die Evolution unsere Kinder prägt". Kösel, 2009

Renz-Polster, Herbert/Imlau, Nora: „Schlaf gut, Baby! Der sanfte Weg zu ruhigen Nächten (für Kinder von 0–6 Jahren)". GU, 2016

Saalfrank, Katharina: „Kindheit ohne Strafen: Neue wertschätzende Wege für Eltern, die es anders machen wollen". Beltz, 2017

Schmidt, Sascha: „Wieder Paar sein. Erfüllte Zweisamkeit trotz Kind und Arbeit". humboldt, 2020

Schneider/Lindenberger (Hrsg.): „Entwicklungspsychologie". Beltz, 2012

Schöttler, Michael: „Der praktische Papa-Ratgeber. Liebevoll begleiten, entspannt erziehen". humboldt, 2020

Seyffert, Sabine: „Jedes Kind kann sich entspannen. Der Ratgeber für Eltern von Grundschulkindern. Mehr Gelassenheit durch Entspannungsspiele. Mit Übungen, Massagen und Fantasiereisen". humboldt, 2010

Solter, Aletha J.: „Spielen schafft Nähe – Nähe löst Konflikte". Kösel, 2013

van Stappen, Anne/Blondiau, Catherine: „Das kleine Übungsheft – Gewaltfreie Kommunikation mit Kindern". Trinity, 2018

White, R.E./Carlson, S.M.: "What would Batman do? Self-distancing improves executive function in young children". In: Developmental Science, 19 (3), 2016, S. 419–426

White, R.E./Prager, E.O./Schaefer, C./Kross, E./Duckworth, A.L./ Carlson, S.M.: "The 'Batman Effect': Improving Perseverance in Young Children". In: Child Development, 88 (5), 2019, S. 1563–1571

WEITERFÜHRENDE ADRESSEN

Alle hier aufgeführten Links findest du auf der Facebookseite https://www.facebook.com/WunderbaresWildesKind

Emotionelle Erste Hilfe

https://www.emotionelle-erste-hilfe.org/

Schlafberatung

https://www.1001kindernacht.ch/Eltern/

Selbstarbeit

https://mamapsychologie.de/

https://www.nora-imlau.de/familienkompass/

Bindungsarbeit

https://www.khbrisch.de/fortbildungen/bbt/suche-bbt-beraterinnen/

https://bindungstraeume.de/

Schule und Lernen

https://www.mit-kindern-lernen.ch/

Medien

https://nur30min.de/

https://www.schau-hin.info/

Was schüchterne Kinder und ihre Eltern brauchen

- So begleiten Eltern ihr Kind in ein glückliches und starkes Leben – erprobte Tipps aus der bindungsorientierten Erziehung
- „Inke Hummel schreibt ein stärkendes, durchgehend positives Buch, das die Schüchternheit, die Ängste und alles, was Kinder ausbremst, erstmal als Wesensmerkmal gelassen annimmt."
  unverbogenkindsein.de, Mai 2021

Stand 2025. Änderungen vorbehalten.

Inke Hummel

Mein wunderbares schüchternes Kind

2. Auflage, 216 Seiten
14,5 x 21,5 cm, Softcover
ISBN 978-3-8426-1647-9
€ 22,00 [D] · € 22,70 [A]

Der Ratgeber ist auch als eBook erhältlich.

humboldt
... bringt es auf den Punkt.

Was Grundschulkinder und ihre Eltern brauchen

- Ratgeber mit den Top-Themen aus Familienberatungen: Angst vor der Schule, Ärger mit Gleichaltrigen, Rückmeldungen der Lehrkräfte, Konflikte wegen Hausaufgaben, Medienzeiten und verändertes Miteinander
- Für eine gesunde Entwicklung und starke Bindung – mit leicht umsetzbaren Tipps
- Für Eltern von 5 bis 10-jährigen Kindern

Stand 2025. Änderungen vorbehalten.

Inke Hummel
Miteinander durch die Grundschulzeit

224 Seiten
14,5 x 21,0 cm, Softcover
ISBN 978-3-8426-1717-9
€ 22,00 [D] · € 22,70 [A]

Der Ratgeber ist auch als eBook erhältlich.

humboldt
... bringt es auf den Punkt.

Gelassen durch stürmische Zeiten

- So gelingt bindungs- und beziehungsorientierte Erziehung in der Pubertät
- Erprobte und entspannte Tipps von der Familienbegleiterin, Erziehungsberaterin, Pädagogin und Bloggerin Inke Hummel

Stand 2025. Änderungen vorbehalten.

Inke Hummel

Miteinander durch die Pubertät

2. Auflage, 176 Seiten
14,5 x 21,5 cm, Softcover
ISBN 978-3-8426-1622-6
€ 20,00 [D] / € 20,60 [A]

Der Ratgeber ist auch als eBook erhältlich.

humboldt
... bringt es auf den Punkt.

Bibliografische Information der Deutschen Nationalbibliothek
Die Deutsche Nationalbibliothek verzeichnet diese Publikation in der deutschen Nationalbibliografie; detaillierte bibliografische Daten sind im Internet über https://dnb.de abrufbar.

ISBN 978-3-8426-1656-1 (Print)
ISBN 978-3-8426-1657-8 (PDF)
ISBN 978-3-8426-1658-5 (EPUB)

2. Auflage

Die Ratgebermarke der Schlütersche Fachmedien GmbH
Hans-Böckler-Allee 7, 30173 Hannover
www.humboldt.de
www.schluetersche.de

Lektorat: Katharina Spangler, Neumarkt i. d. Opf.
Covergestaltung: ZERO, München
Coverfoto: Gettyimages/Westend 61
Satz: PER MEDIEN & MARKETING GmbH, Braunschweig
Druck und Bindung: gutenberg beuys feindruckerei GmbH, Langenhagen

Gedruckt mit mineralölfrei hergestellten Druckfarben und Strom aus erneuerbaren Energien. Die eingesetzten Klebe- und Bindestoffe entsprechen den derzeitigen Umweltstandards, die vom RAL Institut für Gütesicherung und Kennzeichnung geprüft wurden. Die Druckplattenentwicklung erfolgte mit reduziertem Einsatz von Chemikalien.